Contra natura

Oscar Cesarotto

CONTRA NATURA
Ensaios de psicanálise e antropologia surreal

ILUMI//URAS

Copyright © 1999:
Oscar Cesarotto

Copyright © desta edição:
Editora Iluminuras Ltda.

Revisão:
Maria Regina Ribeiro Machado

Composição:
Iluminuras

ISBN: 85-7321-110-5

Apoio cultural:
dialdata internet systems

1999
EDITORA ILUMINURAS LTDA.
Rua Oscar Freire, 1233 - CEP 01426-001 - São Paulo - SP
Tel.: (011)3068-9433 / Fax: (011)282-5317
E-mail: iluminur@iluminuras.com.br
Site: http://www.iluminuras.com.br

ÍNDICE

SIC 9

SEXO EXPLÍCITO

A feminilidade segundo Lévi-Strauss 15
O discreto charme da sodomia 19
Prostituição, o santo ofício 29

INCONSCIENTE & CINEMA

Sade / Pasolini 49
Poltergeist - O Édipo americano 63
Jour de belle 73

ARTE PULSIONAL

Medusa's blues 85
Ars longa, pemba brevis 95
O grotesco 101

METAPSICOLOGIA

Fantasmagorias 107
Opção freudiana 121
A raiz da palavra 129

CONSEQÜÊNCIAS CLÍNICAS

Aquém do princípio do saber 139
Uma estrela cadente 151
Montagem de uma sessão 157

IN MEMORIAN

Oscar Masotta e o modelo pulsional 167
Lacacon vive 177
Ócio — cio — vício 181

SIC

Escrever, para qualquer psicanalista, é quitar uma dívida. Em primeiro lugar, com Freud; simultaneamente, com sua teoria, fundamento da prática cotidiana. Quando a psicanálise dá para viver, é necessário mantê-la viva, recriando seus conceitos no registro da escrita e alargando seus horizontes, tanto em extensão quanto em intenção.

Todavia, nada garante que um texto, pelo fato de seu autor exercer a psicanálise, seja congruente com ela. Como não existe limite de pertinência na procura das manifestações do inconsciente, pode acontecer que, extrapolando o estrito marco da clínica, novas perspectivas se abram na reflexão dos fenômenos humanos. Só que, e justamente por isso, saindo da área específica do discurso analítico, entra-se numa terra de ninguém onde, em princípio, vale tudo, desde que a densidade e a verossimilhança, exigidas como condições sine qua non, sejam respeitadas na devida proporção.

Trata-se, concretamente, da esfera das ficções, das conjecturas possíveis porém improváveis, aquele terreno onde a verdade tem de ser procurada, mais do que nunca, nas entrelinhas. No entanto, nada obriga a teoria a ser prosaica, e é bem sabido que os sonhos da psicanálise provocam surrealismo. Surgem assim outras dimensões retóricas, novos territórios significantes, curiosas articulações.

Chamar isto de antropologia surreal *é uma piada pretensiosa, mas deveria funcionar como a metáfora de uma linha de fuga iniciada alhures, sem dúvida, mas agora à deriva para além do marco de referência inicial. Justificada, enfim, pelo recurso ao percurso de um discurso:* trans-psicanalítico *por definição,* meta-freudiano *na origem, e* para-lacaniano *na essência.*

E por que e para que tornar públicos esses artigos, sob a forma de um livro?

Alguns deles conheceram, por anos a fio, a prudência silenciosa das gavetas. Outros apareceram em revistas de sortes diversas, ou circularam efemeramente de mão em mão. Até acontecer um fato imprevisível. Um belo dia, lendo um livrinho recém-editado, achei algumas das idéias expostas familiares demais, percebendo, de imediato, que vários parágrafos eram transcrição literal, sem citar o autor, de coisas por mim redigidas em outras épocas.

De certa maneira, este episódio me fez concluir que, se podia ser plagiado, era porque dizia algo mais ou menos interessante para alguém. Se, desde o lugar do Outro, minhas palavras me eram devolvidas como alheias, era porque elas, já autônomas, não me pertenciam mais. Não precisava esperar pela posteridade: aqui e agora, verba volant. Só que tinha um porém. Como amarrar esses escritos tão dissímeis, independentes entre si, apesar de certos assuntos recorrentes? Daí o título, denominador comum e pedra de toque...

Para situá-los no contexto em que foram produzidos, vale a pena acotar alguns esclarecimentos:
• A feminilidade segundo Lévi-Strauss *foi publicado em português no n. 12 da revista* KLÏNICA *da Faculdade de Psicologia de Itatiba em 1980, e no n. 1 da revista* CENÁRIO *do GREP (Grupo de Estudos Psicanalíticos) de Belo Horizonte em 1992. Em castelhano, no n. 3 na revista* NOTAS *da Escuela Freudiana de Argentina, em 1979.*
• O discreto charme da sodomia *é a transcrição de uma palestra no Hospital das Clínicas de São Paulo em 1980, registrada numa apostilha de circulação restrita, e depois publicada no n. 11 da revista* GRIPHOS *do IEPSI (Instituto de Estudos Psicanalíticos) de Belo Horizonte, em 1993.*
• Prostituição, o santo ofício *foi escrito em 1981, para constar num número especial da revista* DEBATE *da Editora Brasiliense dedicado à prostituição, que nunca viu a luz. Com o título de* Camille Paglia, uma mulher pública, *integrou no n. 16 da revista* OPÇÃO LACANIANA, *São Paulo, 1996.*

• Sade/Pasolini *foi publicado no n. 16 da revista IDE, da Sociedade Brasileira de Psicanálise, São Paulo, 1988.*
• Poltergeist — O Édipo americano *apareceu no n. 30 da revista PSICOLOGIA ATUAL em 1983, em versão resumida e, na íntegra, no n. 1, v. 2 da FACE — Revista de semiótica e comunicação, São Paulo, 1989.*
• Jour de belle *foi uma conferência em 1996 no ciclo* "Cinema & desejo — O divã no século XXI", *no GTI (Grupo de Terapia Integrada) de São Paulo.*
• Medusa's blues *foi uma apresentação no VI Encontro do CEF (Centro de Estudos Freudianos) em São Paulo em 1978, e publicado no n. 2, v. 2 da revista FACE em 1989.*
• Ars longa, pemba brevis *foi exposto no VI Encontro do Campo Freudiano, em São Paulo, em 1997.*
• O grotesco *foi publicado no n. 50 da revista NICOLAU de Curitiba, em 1993, mais um adendo.*
• Fantasmagorias *foi publicado pela primeira vez no n. 0 dos CADERNOS FREUD/LACANIANOS em São Paulo, 1978, e mais tarde, no n. 29 da revista REVERSO do CPMG (Círculo Psicanalítico de Minas Gerais) de Belo Horizonte, em 1990.*
• Opção freudiana *foi publicado no n. 14 da revista OPÇÃO LACANIANA, São Paulo, 1995.*
• A raiz da palavra *apareceu no n. 54 da revista NICOLAU de Curitiba, em 1994, foi acrescido de* Laksanakksana, *da série LINGUAGEM n. 3, São Paulo, 1998.*
• Aquém do princípio do saber *foi publicado no n. 4 do CORREIO da Seção São Paulo da EBP (Escola Brasileira de Psicanálise), em 1993. Inclui* O futuro de uma infusão, *de PSICANÁLISE E UNIVERSIDADE n. 8, São Paulo, 1998.*
• Uma estrela cadente *foi redigido para o V Encontro do Campo Freudiano, no Rio de Janeiro, em 1995.*
• Montagem de uma sessão *foi publicado no n. 2 dos CADERNOS FREUD/LACANIANOS em São Paulo, 1979 e, reformulado, no n. 21 da CARTA DE SÃO PAULO, em 1997.*
• Oscar Masotta e o modelo pulsional *foi escrito para o suplemento FOLHETIM da* Folha de S. Paulo, n. 498, em 1986.

• Lacacon vive *é composto por dois textos. O primeiro,* Lacacon, *é um poema de Néstor Perlongher. O segundo,* Néstor vive, *foi publicado no n. 47 da revista* NICOLAU *de Curitiba, em 1993.*
• Ócio — cio — vício *foi publicado no n. 41 da revista* REVERSO *do CPMG de Belo Horizonte, em 1996.*

No tocante ao critério metodológico destes trabalhos, sua consistência depende menos da profundidade com que certos temas são tratados, e mais do intuito de articular a maior quantidade possível de idéias, mesmo que apenas tangencialmente. Essa "firmeza lateral" tem como inspiração analógica as cúpulas geodésicas de Buckminster Fuller, construções cuja solidez aumenta de maneira proporcional ao seu tamanho, despeito do senso comum.

Acredito não ser necessário explicar mais nada. Quer dizer, os textos, que falam por si, deveriam deixar muito a desejar...

O.C.

SEXO EXPLÍCITO

A FEMINILIDADE SEGUNDO LÉVI-STRAUSS

> Deus era hermafrodita antes da criação; dividiu-se, então, em dois seres opostos, de cuja cópula nasceu o mundo. O Sol é masculino, e o princípio feminino encarna particularmente na Lua. Ela é a Mãe, a deusa sempre fecundada porém virgem, representada por uma mulher coroada de estrelas, carregando em seu corpo o quarto crescente.
>
> *Serge Hutin*

O que ela quer? Esta questão, tipicamente masculina, é também endossada pelas mulheres quando sacrificam o saber sobre si mesmas para constituir um enigma. Por este viés, qualquer resposta que as denuncie como desejantes será rejeitada. Ocultando-se no mistério (no *eterno feminino*, na longínqua transmissão de mulher para mulher desde a *Mãe Primitiva* até chegar a elas), devolvem aos homens sua pergunta sob uma forma invertida. E a feminilidade é posta em jogo com a função de manter a curiosidade insatisfeita.

Qual é o papel da feminilidade dentro da sexualidade feminina? Que uma mulher seja feminina não é redundância, porque poderia assim não ser. Como se sabe, algumas mulheres são femininas em maior ou menor grau que outras. As outras são os reflexos nos quais cada uma delas pode medir seu narcisismo. Alienadas naquelas distintas delas, todas as mulheres rivalizam com suas semelhantes, invejando a performance alheia, sempre melhor. Ao mesmo tempo, todas e cada uma são capazes de se acreditar inteiras e sem mácula nenhuma. Estes transitivismos têm a sua origem numa identificação primitiva, maternal e arcaica (*Alma Mater*), cuja alteridade deve ser, necessariamente, outra coisa que elas procuram para além do espelho, porque uma comparação exclusiva entre mulheres não dá lugar a certeza alguma.

Sobra para os homens a tarefa de cortejá-las e a homenagem de confirmá-las com seu olhar, desde que duas condições sejam cumpridas: do ponto de vista deles, algo deve ser o objeto deste olhar que, da perspectiva delas, só é suportável se acompanhado de um silêncio que não nomeia o que é fitado.

Cabe aqui a invocação a Lévi-Strauss. Mas não o antropólogo, senão o fabricante americano de blue-jeans. Na década de 50, a publicidade das calças LEVI'S era: "*Dá ao homem algo da mulher, e à mulher algo do homem*". Esta seqüência precisa ser apreendida nos termos da lógica do fantasma; tendo a mulher algo do homem (se e somente se), o homem aceitará (ter) algo da mulher. Conclusão: o travestismo feminino poderia ser uma boa maneira de *honrar as calças*.

Sendo estes os brasões, quais seriam as insígnias? Nas evoluções da moda podemos computar como um triunfo do feminismo a mudança topográfica do zíper dos jeans: inicialmente lateral, quando deslocado para a entreperna, anulou a diferença como alvo mirado.

Resumindo até aqui: as mulheres se utilizam — além da sua beleza natural — de todos os recursos da moda, e assim — aperfeiçoadas — elas se oferecem. É graças a tudo isso que os homens as aceitam. Mas isto não evita o incômodo de uma certa angústia. Tais artifícios funcionam, sim; no entanto, por que são eficazes?

Abre-se então a incógnita sobre o desígnio do Outro. O que ele quer de mim? perguntar-se-á aquela cuja mãe talvez não tenha sido um bom pólo de referência. Conhece-se a posição histérica: consiste em se colocar não só no lugar da mulher, mas também no do homem, para buscar algum saber sobre o desejo. O problema é que esta dupla identificação implica manter sua polivalência fálica intacta, sem renunciar nada do seu narcisismo em prol da libido objetal. Num fracasso sempre renovado, ligar-se-á ao homem e à mulher para obter uma resposta que é somente pergunta.

Das prendas domésticas ao trabalho alienado. Todo e qualquer artigo de consumo (ex. jeans) é — Marx *dixit* — um fetiche. A revolução industrial, que começou com a mecanização dos teares, não fez mais que simplificar aquela milenar técnica feminina de tecer (os pêlos do púbis) para se cobrir. O trabalho, entretanto, é interminável: na roca de Penélope a trama do engodo é desfeita ao mesmo tempo que novamente refeita. No dizer de Lacan, uma *verdadeira* feminilidade apresenta sempre uma dimensão de álibi, e uma mulher *autêntica*, algo de extravio...

E o véu de Maya — a ilusão que cobre o mundo — serve para se esconder diante do demônio do Pudor.

Mas o homem — Ulisses — não quer deixar de escutar o convite fatal que a presença da mulher propõe na voz (das sereias). E não apenas a visão e a audição participam da empresa, também o olfato — *odore de femina, profumo di donna* — como tão lucidamente comprovara. Fliess ao vincular o reflexo nasal com a bissexualidade e os períodos de cio.

Alguns homens, porém, transcendem as aparências: "*Sem dúvida, o costume de vestir-se teve dois únicos motivos: a inclemência do ar e a coqueteria das mulheres; estas acharam que perderiam rapidamente todos os efeitos do desejo se não os previniam antes de deixá-los nascer. Perceberam que a natureza não as tinha criado sem defeitos, e se asseguraram de ter todos os meios de agradar, ocultando estes defeitos com adornos; o pudor não foi, portanto, uma virtude, senão uma das primeiras conseqüências da corrupção, um dos primeiros recursos da esperteza das mulheres*". (Marquês de Sade)

Outrossim, os poetas assinalam os caminhos do desvario:

> *Y al mágico antílope que sostine tus pecados*
> *— oh, amantísima y desconocida mujerzuela de las callejas del hastio, lo perseguiré con los andamiajes del amor y el atropello...*
> *— oh, amantísima hembra*
> *juro que asesinaré el poema hasta hacerlo mujer...*
>
> Jorge Alemán
> "*De las pasiones del mes de julio*"

Enquanto isso, outros homens ficam aterrorizados: "... *ali onde (os primitivos) estabeleciam um tabu, era porque temiam um perigo... Pode-se dizer que a mulher é tabu em sua totalidade"*. (Freud — *O tabu da virgindade*)

Tabu? Perigo? Totalidade?

O olhar da Medusa petrifica porque seus olhos não devolvem a imagem de quem os vê. Sobre o pano de fundo da angústia, a multiplicidade dos cabelos-cobras outorga significação ao horror que tenta mitigar. Mas um único réptil — a serpente — é a tentação que, desde a Bíblia, convida a transgredir.

Tal ousadia — o erotismo — precisa da beleza como condição. Pois não seria uma carência o que dispara o desejo, mas, quem sabe, uma presença...

Do *Diário* de Leonardo da Vinci: *"O ato da cópula e os membros de que se serve são de uma fealdade tão grande que se não houver a delicadeza dos rostos, os enfeites dos participantes e o ímpeto desenfreado, Natura perderia a espécie humana"*.

Lembremos de Afrodite surgindo das ondas, como metamorfose dos genitais do Céu, caídos no mar. Deusa da beleza, seu corpo é a glória do amor. O ideal estético alude ao etéreo das formas, à irrealidade dos movimentos da dança, à sugestão da animalidade sublimada.

Mas aquela natureza ou a animalidade oposta ao humano é o que retorna quando Freud, falando das fêmeas, as compara com os gatos. Encerremos assim esta alegoria com um ponto de admiração, citando Lacan, ao afirmar que o ronronar é o gozo do gato, que goza com o corpo todo...

REFERÊNCIAS BIBLIOGRÁFICAS
ALEMÁN, Jorge. *Iguanas*. Buenos Aires: Grupo Cero, 1971.
BATAILLE, Georges. *O erotismo*. Porto Alegre: L&PM, 1987.
FREUD, Sigmund. "La feminilidad". In *Obras Completas*. Madri: Biblioteca Nueva, 1970.
_____. "El tabú da virgindad". In *Obras Completas*. Madri: Biblioteca Nueva, 1970.
LACAN, Jacques. "La significación del falo". In *Lectura estructuralista de Freud*. México: Siglo XXI, 1971.
_____. *A terceira*. São Paulo: Etc&tao, 1981.
SADE, Marquês de. *La filosofia en el tocador*. Montevidéu: Garfio, 1966.

O DISCRETO CHARME DA SODOMIA

Faz quase um século que o sexo não é mais o que costumava ser. Toda e qualquer reflexão sobre o assunto tem, desde 1905, os *Três ensaios* de Freud como inevitável pano de fundo e, não raro, como contraponto. Tantos anos, suficientes talvez para poder apreciar os efeitos de tal discurso na cultura contemporânea?

Décadas de história, de modas e mudanças sucessivas parecem ter provocado uma diferença de acento na importância que aquele livro adquire nos dias de hoje. Os três escritos que — nada mais, nada menos! — pretendiam inaugurar o projeto de uma teoria científica sobre a sexualidade humana, que escandalizaram toda uma época, não demoraram muito até chegar a ser um lugar-comum, conseqüência direta da vulgarização dos conceitos. Enorme difusão, proporcional banalização: teriam perdido sua capacidade de espantar? Estariam desativados, nesta altura da civilização, perto demais do próximo milênio?

Como bem se sabe, uma doutrina original e revolucionária, mesmo inicialmente discutida e com denodo contestada, vai sendo, aos poucos, aceita e assimilada. Contudo, a partir de certo momento, pode acabar soterrada por outras noções ou idéias mais antigas e reacionárias que a neutralizam.

As resistências não param por aí, pois com freqüência uma tática suplementar para sepultar a novidade nas tradições ameaçadas consiste em apresentá-la como *démodé*, obsoleta, perimida, passada de moda, *isso já era...*

Nesta perspectiva, a distância do texto de Freud com os supostos dominantes que questionava corre o risco de não ser compreendida em sua estrita medida. Com efeito, resulta evidente que ele falava a linguagem do seu tempo, mas era para dizer algo que nunca jamais tinha sido ouvido anteriormente.

A sexualidade, obscuro objeto de teorização, foi o segredo que, de imediato, tornou-se público, não mais restrito ao âmbito da religião, dos costumes, ou a um tópico da medicina. O rebuliço foi inescapável, porque a psicanálise, ao registrar a incorporação daquela nova dimensão da vida cotidiana que é o inconsciente, colocava em causa que o sexual fosse ou não natural.

De que maneira, então, e com que argumentos? O interesse da ciência pelo assunto começara na segunda metade do século XIX. Assim oferecido ao conhecimento positivo, deixando de ser um problema moral, um novo ramo do saber médico foi constituído: a sexologia. Seu discurso fazia referência às funções de uma determinada zona do corpo, mas também às disfunções, como se as *aberrações* sexuais fossem desvios excêntricos de uma via única, considerada *normal*.

Alguns doutores daquele período ganharam notoriedade como autores de best-sellers: Havelock Ellis, Moebius, Moll, Kraft-Ebing. Suas obras compilavam, recolhiam, e sistematizavam as inúmeras variações de Eros, por completo não coincidentes com a representação virtual — nos dois sentidos da palavra, como imagem irreal, e como tendo alguma virtude em jogo — de uma vida sexual bem-comportada.

O público, curioso, consumia com avidez esse tipo especial de literatura, cujo estilo pretendia ser objetivo e conciso, mantendo sempre extremado pudor nas descrições, segundo o padrão do decoro. As questões abordadas, por outro lado, já não o eram em termos de moralidade ou imoralidade, senão de normalidade ou doença.

Todos esses livros contavam com prólogos que os desculpavam por antecipação, afirmando que sua leitura seria inofensiva espiritualmente, além de epistemologicamente legítima. A fantasia da qual tentavam se proteger era da eventualidade de que uma tenra criancinha, acedendo por acaso àquela bibliografia, poderia despertar à excitação carnal, se degenerando sem remédio.

Em relação a esta suposição, todas as defesas convergiam no que diz respeito às versões de algumas atitudes pouco convencionais, apostrofadas de *perversões*. Antes de mais nada, uma denominação desta ordem, longe de ser neutra, logo se revela como um anátema.

Houve, assim, um desprendimento da moral, mas também uma justificativa perante ela. No final das contas, uma operação não muito diferente da invenção do louco como doente, ou seja, uma maneira de perpetuá-lo como alheio aos cidadãos bem-pensantes e piamente intencionados.

Aqui, a promoção do perverso à categoria de *"doente"* o consagra como bizarro, como alteração e alteridade, sempre estranho. Em contrapartida, a *perversidade* do perverso contribuiu ao estabelecimento do estereótipo heterossexual como paradigma da normalidade, concordando exatamente com os ideologemas vigentes da imutabilidade das formas da procriação.

E a sexualidade considerada normal, portanto aceita, continuou sendo — como sempre e sem nenhuma surpresa — aquela dirigida à reprodução, só que, no lugar da moral, passou então a ser validada pela ciência médica.

O procedimento de Freud consistiu em contrapor, como prova de que as coisas não eram bem daquele jeito, um verdadeiro *Kama Sutra* de múltiplas escolhas à idéia *instintual* do sexo entre os seres falantes.

> *"A opinião popular possui uma representação definida da natureza do instinto sexual. Acredita-se que falta por completo na infância; que se constitui no processo de maturação da puberdade; que se exterioriza nos fenômenos de irresistível atração que um sexo exerce sobre o outro; e que sua finalidade seria a cópula sexual ou, pelo menos, aqueles atos que a ela conduzem."* (Três ensaios...)

O primeiro dos ensaios, já no parágrafo inicial, explicita quem será tomado como interlocutor e, como tal, interpelado: a *doxa*, a opinião comum, as crenças generalizadas sobre a sexuação. Numa síntese cabal de um saber cristalizado, coincidem ali todos os anseios que determinam a normatividade erótica no mais perfeito figurino de Hollywood.

Os personagens deveriam ser dois adolescentes, *teenagers*, se descobrindo alegremente, segundo o esquema de *boy meets girl*.

Felizes para sempre, o filme-verdade terminaria, sem erros nem desvios, num alegre *happy end*. E viva o *american way of life*! Como compatibilizar a imagem idílica desta *happiness* genital com o cardápio buñuelesco das variações infindáveis que o mestre de Viena arrolava para ilustrar as potencialidades anamórficas da libido?

Como efeito dos laços sociais que os discursos estabelecem, no preciso momento em que algum enunciado é afirmado ou positivizado, seu avesso é simultaneamente excluído, negativizado. Trata-se de uma circunstância dialética possível de ser verificada: quando algo, alguma coisa, alguma palavra, alguma atividade é proibida, seu oposto contrário é admitido. Vice-versa: tudo aquilo que é permitido é estável, compreende — implícita ou explicitamente — a impugnação de sua alternativa.

No tema que diz respeito, sempre houve normas que aprovavam ou não, ordenavam ou condenavam os relacionamentos entre os corpos. Porque, de maneira abrangente, a função da censura nunca deixou de ser o limite não-natural do sexual. Entretanto, que sentido teria, neste ou em algum outro caso semelhante, a referência à natureza? Que a sexualidade que nos concerne tenha a marca indelével do qualificativo *humano*, decorre de uma falha quase que essencial, deturpadora de qualquer ilusão de naturalidade.

Mas nem por isso deixou de haver — quer dizer, sempre houve e continuará havendo — mandamentos que pretendem fixar as regras do jogo...

A articulação sexo♦censura deve ser analisada nas firulas e minúcias. O losango (que na escritura da lógica significa *e/ou*) conjuga dois termos bem diferentes, de implicação não recíproca, num conluio por demais complexo.

Sem entrar muito fundo no registro das estruturas determinantes, um exemplo torna-se necessário para mostrar como na sexualidade, rarefeita pela censura, consolida-se a repressão. A matéria-prima da leitura analítica, neste particular, será uma palavra, um vocábulo do vernáculo que condensa uma multiplicidade de acepções, próprias do seu uso: *sodomia*.

A prática sexual assim consensualmente designada tem sua etimologia num episódio da Bíblia (*Gênese*: 19). Duas cidades, Sodoma e Gomorra, teriam sido destruídas por uma chuva de enxofre e fogo como castigo pelas iniqüidades e corrupção dos seus habitantes. O mitema sacro relata o porquê da ira divina, mas, o que não é dito nem descrito em detalhes, eram as atividades aberrantes que ali tinham lugar.

De qualquer forma, pouco custa deduzir que, dado o terrível da punição, proporcionalmente enorme devia ser o pecado sodomita. Taras, talvez, que seriam lesivas à sua Vontade, antagônicas do imperativo categórico do "*Crescei e multiplicai-os*", posto que o homem, por ter sido feito "à imagem e semelhança", seria obrigado a perpetuar, com sua descendência, a Criação.

Só que os deuses dos sodomitas eram muitos e outros, divindades fálicas cuja adoração contrariava a demografia, por exigir dos adeptos uma promiscuidade não reprodutiva. Tal seria a reprovável heresia.

Destarte, o gozo pagão foi fulminado por uma tempestade ígnea que apagou as cidades blasfemas da face da terra. Antes, contudo, dois anjos, mensageiros celestes, advertiram Ló e sua família — ao que parece, seres livres de culpa — para que fugissem às montanhas, partindo imediatamente, caminhando rápido sem olhar atrás de si. Mas a mulher de Ló, querendo ver o que se passava, virou a cabeça, e um resplendor de cem mil sóis a calcinou por inteiro.

Como acontecera com Eva, a curiosidade feminina foi, aqui também, sinônimo de transgressão. Assim ficou transformada numa estátua de sal, seu corpo, *invertido*, enfrentando o proibido...

Relato bíblico, discurso religioso, mitema perene: lembranças do interdito e sua condenação. Por atentar contra a Ordem Suprema, por desafiar a ignorante ferocidade de Jahvé, a fruição fálica recebeu uma marca de fogo. Deste modo, os sodomitas tiveram, pontualmente, seu espaço reservado num dos círculos do inferno de Dante.

No *Seminário XXI*, Lacan evoca uma frase irônica de um príncipe da casa dos Condé: "*Sumus enim sodomitae, igne tantum parituri*", dita no momento de atravessar um rio caudaloso, para acalmar seus companheiros. Invertidos declarados, as águas não seriam, perigosas para eles. *Igne tantum parituri*: o destino que lhes aguardava era a fogueira da Inquisição.

A partir disto tudo, o que o termo sodomia designará metonimicamente — como atividade sexual — será uma extralimitação anatômica particular, elevada à categoria de condição erótica.

O coito anal aparece, então, como apoteose do inqualificável, do que deve ser censurado, do ideologicamente insuportável. Considerado um crime, em mais de uma época e mais de um lugar sua impugnação foi taxativa. Assim, a legislação de alguns estados da América do Norte conserva leis impeditivas, herança direta do puritanismo protestante que, mesmo não necessariamente em vigência, permanecem, ainda, hoje, sem ser derrogadas.

Como significante do discurso jurídico, a sodomia encontra-se presente nas figuras legais que prescrevem o que não pode ser feito nem sequer em privado. Nem praticado nem representado, pois inclusive é definido como delito qualquer alusão despudorada ao ato *contranaturam*. Foi assim com o Marquês de Sade, cujos escritos lhe valeram anos de prisão. "... *aquela maneira que mais ofende à natureza*...", escrevia, em nome dos libertinos que, como ele, ludibriavam com a razão soberana o espírito das leis.

Em definitivo, o que seus sofismas maquiavélicos tentavam demonstrar não passava de um paradoxo: dependendo do ponto de vista adotado, frente ou verso, os corpos humanos podem ser tanto veridicamente distintos como virtualmente *unissex*. Em primeiro lugar, e isto para Sade era fundamental, por aquilo que a analidade tem de democrático, e que constitui sua universalidade: aquém da diferença dos sexos, a igualdade dorsal é o que todos tem, ou melhor, o que ninguém deixa de ter.

Quando esta identidade ou fator comum é colocada como exigência absoluta do intercurso, fica claro que nada se quer saber da desigualdade. Como resultado, a perfeição narcísica pode ser sustentada enquanto as distinções são abolidas, especialmente as sexuais.

No entanto, no plano do real, a dissimetria somática é um fato concreto, assim como as funções dissímeis de ambos os gêneros.

Em relação à reprodução, a sodomia apresenta-se como uma opção, pois a extraterritorialidade física permite evitar qualquer proliferação subseqüente ao ato carnal. É a semente que não dá fruto, a ação que se esgota em si mesma, o improdutivo por excelência. Como possibilidade anticoncepcional, o prazer sexual é isolado das suas conseqüências para, numa alternância de locais, não perpetuar a espécie.

"*E sereis como deuses*": inibindo a continuidade das gerações, a exaltação imaginária do que não propaga a vida exorciza, desta maneira, a morte.

Existe um outro clichê que deve ser questionado: a famigerada oposição *Natura* vs. *Cultura*. Considerando que a idéia do que seria a primeira deriva do que a segunda determina, o que haveria que entender por *relação contra natura*? É óbvio que a resposta depende diretamente da imaginarização imperante da natureza num certo contexto, do que é afirmado que poderia ser e, por outro lado e ao mesmo tempo, o inadmissível, o que não deveria ser.

Freud acreditava que as leis só coíbem aquilo que os homens podem realizar, porque o realmente impossível não teria necessidade de ser circunscrito por regulamentos. Ocorre, não obstante, que estes vaivéns de afirmação/negação, positivização/censura, por propor uma polarização maniqueísta, acabam esbarrando no princípio de ação/reação. Isto quer dizer que, havendo regras, também há, como corolário inescapável, transgressão.

Burlar a lei de bronze da procriação, driblar a produção que poderia resultar da cópula, promover a homossexualidade como correspondência somática e unívoca, são estes alguns dos efeitos de bumerangue do ideal normativo de uma sexualidade sadia, adulta, genital, estritamente em função da reprodução. Sendo que o discurso que a preconiza, exalta e exige um único tipo de acasalamento que, de forma pouco sutil, é cordatamente chamado de "*papai-mamãe*"...

Em certa medida, parece evidente que da eternização destas delimitações depende a manutenção da estabilidade dos valores consagrados. Embora seja bom lembrar, mais uma vez, que o desejo não é outra coisa que a sombra da lei.

A contravenção insistente do *status quo* fundamenta o erotismo, a ultrapassagem dos limites, a aventura do risco, do desconhecido, o impulso que decorre de toda e qualquer proibição.

Outrossim, do ponto de vista das estruturas elementares de parentesco e a circulação das mulheres, o preço oficial de troca das fêmeas pode oscilar, diretamente, do fato de serem virgens ou não, zero quilômetro ou segunda mão. A castidade sempre foi imposta à mulher; reservada, a virgem teve, ao longo do tempo, um elevado valor de demanda. Seu corpo fechado, intocado, é garantia de totalidade narcísica e de exclusividade do primeiro em obter seus favores, privilégio, em outras épocas, do príncipe.

Contudo, a imposição de preservar a virtude, ou seja, a obrigação feminina de se guardar até o momento justo para se entregar, admite uma solução de compromisso que permite manter o invicto, mas também...

A Deus o que é Dele, e a César o que lhe corresponde: com jeitinho e com mestria, um *álibidinal* pode ser ardilosamente contraposto aos argumentos ferrenhos da moral e das boas maneiras.

A sexualidade humana pouco tem de natural. Ela é, antes de mais nada, um enigma para todos, curiosidade vital, um ponto de interrogação gravado na carne. Mesmo assim, nunca faltaram desígnos, como se fosse insuportável não ter um sentido para lhe atribuir. Fortemente sobredeterminadas e quase nunca inocentes, essas respostas vão se estereotipando até cristalizar em *representações do mundo* (*Welstangschauung*), cosmovisões onde tudo tem um significado definitivo, fixo, ajustado ao imobilismo. Então, os discursos tecem suas tramas, pautando o ritmo da dança dos corpos, e assim como certos movimentos são barrados, proscritos, seus opostos especulares são apresentados como modelo de adequação.

O que é censurado, porém, não desaparece de vez, ao ser eliminado como chance, pois sempre acabam ficando restos e vestígios, que provocam gozos insólitos, e mostram como o vedado é, apesar dos pesares, a condição do desejo.

É quase uma banalidade dizer que a época de Freud — os anos do *turn of the century* — teve que suportar uma moral particularmente rigorosa, que a História guarda com o nome de quem foi sua idealizadora: Vitória, rainha da Inglaterra. Período de exemplar rigidez nos costumes, aparências e comportamentos, com um severo estilo de repressão fiscalizando o que era dito e feito, e tudo o que chamava a atenção.

A moda feminina daquelas décadas incorporou um novo elemento ao guarda-roupa da mulher elegante, uma resistente armação de arame que, colocada debaixo das saias na altura das nádegas, aumentava estrategicamente seu volume: as *anquinhas*.

Evidente demais, embora dissimulada, aquela suplência anatômica ressaltava esteticamente o que só era expressado nas entrelinhas. Nos bastidores do pudor, sem função utilitária, que outra coisa seria senão um vitoriano e vitorioso chamariz?

As modas passam, o tempo voa, e a sacanagem continua numa boa. Para além do efêmero, no entanto, a estrutura permanece imutável. E a psicanálise, com menos de um século de tradição, testemunha sem julgar os avatares da sexualidade, a bem-comportada, por um lado, e a outra, fora da lei, ou pelo menos à margem, também. Nos últimos tempos, não obstante, como se fosse uma *amostra grátis* do Apocalipse, o surgimento da AIDS, coadunando Tânatos e Eros, ameaça condenar fatalmente as intensidades radicais dos prazeres exóticos. Ora, como seria de se esperar, uma polifonia de vozes, cartilhas e regras, colocando a preservação da saúde como bem supremo, preconizam abstinência, sensatez e inibição como atitudes prudentes para evitar tentações e extravios. Só que, enquanto uma certa medicalização parece tomar conta das catexias pós-modernas em altos brados, sorrateiramente, a lógica da fantasia corre solta, mais ainda...

Sic transit gloria mundi: a anatomia pode ser o destino, mas o destino será sempre da pulsão.

REFERÊNCIAS BIBLIOGRÁFICAS
FREUD, Sigmund. "Tres ensayos para una teoria de la sexualidad". In *Obras Completas*. Madri: Biblioteca Nueva, 1970.
LACAN, Jacques. *Seminário XXI - Les non-dupes errent*. Buenos Aires: Escuela Freudiana de Buenos Aires, 1975.

PROSTITUIÇÃO, O SANTO OFÍCIO

Ensaísta, professora e feminista militante, Camille Paglia, autora de *Personas sexuais*, *Sexo, arte e cultura americana* e *Vampes & vadias*, visitou São Paulo no mês de maio de 1996 despertando polêmicas e provocações mil. Ela própria uma *persona*, destra no manejo da mídia, mostrou ter erudição e coragem suficientes para desafiar cânones estabelecidos. Uma das suas referências constantes é a psicanálise — e tudo indica que uma leitura correta de Freud sustenta em grande medida sua visão de mundo —, além de inúmeras outras fontes, que vão da literatura ao *rock'n'roll*, passando pela história da arte e o estudo comparado das religiões.

Lacan, entretanto, não lhe merece maior respeito, e costuma ser um alvo fixo das suas diatribes, junto com Derrida e Foucault. Por uma série de razões, que vão da política universal até as lutas intestinas do feminismo ianqui, sem esquecer de um forte preconceito sobre o pós-estruturalismo francês, Paglia se dedica quase que sistematicamente a espinafrar estes três mestres pensadores. Em relação ao primeiro, comete uma certa injustiça, baseada talvez numa equivocação. Com efeito, mais preocupada em criticar suas colegas por serem *lacanianas*, ela acaba, por dizer assim, jogando fora a água do banho junto com o bebezinho, quando despreza o pensamento de Lacan sem conhecê-lo por completo, ou mesmo quando concorda, sem saber, com muitas das suas teses.

Alguns exemplos: (falando do *curriculum* acadêmico) "*... é apavorante que se mandem nossas jovens ler coisas como Lacan, quando ainda não leram Freud. Que adianta ler Lacan se não se leu Freud? É ridículo*". "*Não leiam Lacan, Derrida ou Foucault, e tratem como nulidades insignificantes os que ainda boquejam sobre eles.*"

"*Os seguidores deles, longe de serem sofisticados intelectuais, são os verdadeiros reacionários fossilizados da nossa era.*" "*Sujeito descentrado? Claro que os franceses se sentiam descentrados: acabavam de ser arrasados pelos alemães!*" "*O modismo francês é hoje um casco de naufrágio.*" Todas estas citações são de *Sexo, arte e cultura americana*. Ou, como afirmou no seu périplo pela *terra brasilis*: "*As lacanianas são esverdeadas porque bolorentas*".

Por outro lado, algumas vezes Paglia aproveita algumas idéias de Lacan — a inexistência de *A mulher* é a mais freqüente, ou senão, a posição feminina no lugar da causa do desejo masculino —, mas sem reconhecer sua procedência. Em outras, sua argumentação fica pouco consistente, quando evita fazer uso de alguns conceitos que seriam imprescindíveis. Tal é o caso de sua defesa da prostituição, no livro *Vampes & vadias*, para além de qualquer explicação sociológica, e aquém de algum eventual essencialismo. Neste particular, vale a pena argumentar desde o discurso analítico, e quebrar o pau (!). Ora, seria uma pretensão vã querer que uma atividade tão determinada, de intrínseco cunho sexual, possa ser destrinchada apenas desde uma visão ideológica, mesmo que politicamente incorreta e provocativa. Tentaremos demonstrar, então, como a prostituição, antes de mais nada, constitui um verdadeiro fato metapsicológico.

O santo ofício

Em certas e determinadas esquinas estratégicas das cidades, nas *zonas* (erógenas?), elas administram sensualmente aquele breve interlúdio em que o dinheiro compra o prazer... Nas ruas de São Paulo, Buenos Aires, Nova Iorque, Paris, nos países socialistas, na Viena freudiana... Elas estão ali, lábios vermelhos, provocantes, disponíveis, aceitando a grana e o orgasmo dos homens, se alugando como objetos para eles se satisfazerem: esta performance, trans-histórica e ubíqua, chama-se *prostituição*. Esquematicamente, uma prestação de serviço, exemplo cabal de um *comércio sexual*: uma mulher, seu corpo, e o que um homem paga por usá-lo. Do que deveria ser o livre jogo da oferta e a procura entre os sexos — o *erotismo* —, resulta uma transação mercantil que põe preço ao desejo, tabelando-o.

Como entender essa singular coreografia cujas figurantes, espertas no amor, são profissionais, antes de mais nada? Afirma-se, às vezes, que a prostituição seria um sintoma — ou social, ou cultural, ou econômico, ou tudo isso junto —, a ponta visível de um iceberg de profundas causas ocultas. Nesta abordagem, concebe-se o sintoma como um aviso, o indicador de uma doença latente, um anúncio do organismo se sentindo atingido.

Do ponto de vista da psicanálise, seria algo bem diferente, quando se considera como sintoma tudo aquilo que faz nó, tudo aquilo que se enlaça e fica amarrado, articulando aquilo que, se assim não fosse, estaria solto e separado, fora de contexto. Isto é suficiente para delimitá-lo, dentro do campo das relações humanas: fórmula de conciliação, expressão de um conflito, sua manifestação é, em si mesma, uma satisfação esdrúxula, uma formação de compromisso entre o desejo e o seu avesso, que produz efeitos bizarros.

Isto é óbvio, porque sempre que estiver o sexo em jogo, o inconsciente será o convidado de pedra...

O amor mercenário

> Y quién es más de juzgar
> aunque qualquiera mal haga
> la que peca por la paga
> o el que paga por pecar
> Sor Juana Inés de la Cruz

Em todas as épocas, em qualquer cultura, em todas as latitudes? Deixando de lado a discussão da universalidade, esta circunstância aparece sempre e, se acreditarmos no saber comum, seria, entre os labores possíveis, o mais antigo... Como prática, encontra-se fortemente sobredeterminada: além de ser, como sinalização desiderativa, um *affair* empírico, é também conseqüência do fato de a sexualidade não escapar à marca da lei. Por isso, às vezes proibida, outras abolida; senão permitida, mais ou menos censurada ou escusa: em todos os casos, de uma ou outra maneira, restrita.

Na Antigüidade, existiu a prostituição sagrada: as personagens femininas do ritual religioso, metaforizando a deusa em nome da qual se entregavam, enalteciam o coito venal, sacralizando-o. Como contraste radical, surgiu mais tarde a baixa prostituição, ou meretrício. Na primeira das variedades, a identificação com a deidade era vista como uma consagração da mulher; nos tempos em que estas vocações prosperavam, a idéia a elas associada era de santidade. Porém, das priscas eras em que Heródoto relatava os costumes das mulheres de Assíria e Chipre — se doando aos estrangeiros como representantes representativas da deusa Militta — até os nossos dias, muita coisa tem-se passado.

Assim, *"por ter abolido a polaridade cósmica dos princípios macho e fêmea, nossa sociedade conhece todas as incidências psicológicas do fenômeno da luta dos sexos"*.[1]

Da antiga comunhão sagrada, uma espiral histórica e descendente leva à decadência da arte de amar, a carne vendida no varejo. Pois, em suma, a prostituição seria uma verdadeira relação sexual, que pode ser descrita como um intercurso dirimido pelo pagamento exigido: este é o ponto alto de constituição do sintoma, deste jeito definido como a inscrição do simbólico no real.

No intercâmbio, a mulher dá seu corpo, quer dizer, sua propriedade concreta, próxima e imediata, ela mesma como coisa. Para que o ato seja viável, o homem deve cumprir com a condição do ônus: o dinheiro, significante vazio que não é nada em si, mas tudo em potência, que pode ser transmutado em qualquer coisa, qualquer valor, é o elemento que fecha o circuito da troca. Fenomenicamente, a mulher se apresenta como um todo, que ela mesma propõe, permanente, à atenção dos homens. Chamariz do desejo deles, se exibe como aquilo que faria possível sua fruição, entanto oficiante leiga do culto de Eros, profissional liberal do amor. E eles são obrigados a pagar para ver; isto é necessário para que o agenciamento funcione. O preço é o requisito que o homem é

---

1) LACAN. *L'agressivité en psychanalyse*.

compelido a satisfazer; por sua vez, tal importância é diretamente proporcional à beleza, graça, juventude, enfim, ao charme dela.

Portanto, Bataille afirma, impiedoso, que "... *em cada mulher não haveria uma prostituta em germe, mas a prostituição não é senão conseqüência da atitude feminina de se ofertar como objeto*".[2]

Só que, ainda que ela esteja ali, desde antes, incitando a iniciativa deles, o que há aqui é um movimento simultâneo e duplo que torna ambos cúmplices e coniventes na ação específica.

Efedepê

> ... de que me vale ser filho da santa
> melhor seria ser filho da outra...
> *Chico Buarque de Hollanda*

Filho da puta! Xingação, extremado destrato que pode levar duas pessoas ofendidas a se enfrentarem, cada um querendo bater, esmurrar, acabar com a raça do outro. Por que será que este dizer, especificamente, dispara a agressividade total e precipita a passagem ao ato violento?

"... *é a sua mãe!*
— *Quem entende de zona é a sua!*
— *A sua também...*"

Neste ponto, a linguagem perde sua função simbólica de mediação e separação, de contrato social, e os antagonistas começam a brigar numa luta para lá de hegeliana, corpo a corpo, na intenção de se eliminarem mutuamente.

Dentro dos modos do maldizer, a referência à moralidade da mãe é recebida pelo destinatário como a máxima injúria, a mais profunda ferida narcísica, a honra ultrajada. De fato, um filho de uma puta teria um complexo de Édipo bem peculiar: por ser a mãe uma mulher *da vida*, não haveria um único homem a quem situar como pai, senão uma longa série de indivíduos anônimos. Porque ela, por ser a mulher de todos, não seria, paradoxalmente, de ninguém. O pai teria

---
2) BATAILLE. *O erotismo*.

sido um desconhecido, qualquer um: não identificado; faltando seu nome, não haveria autenticidade na filiação, nem uma transmissão patrilinear garantindo a interdição do incesto.[3]

Ao ser assim questionada a legitimidade, o agravo duplica sua capacidade ofensiva, já que a afronta à paternidade que implica esta bastardia, é correlativa de uma alusão direta à *castração* materna. Pois, o descendente de uma prostituta, poderia ser algo diferente de um acidente de trabalho dela? O seu ganha-pão, ser a bainha constante de enésimos pênis, é o flagrante de sua falta: abrindo as pernas sem se recusar a ninguém, a puta é uma mulher que pouco dissimula sua privação.

O filhote da cadela

Fiol dun can, hijo de perra, son of a bitch: insulto internacional do mesmo gênero, quase sinônimo do anterior — um efeito de metáfora permite condensar o que um e outro têm em comum. O cão, uma das poucas espécies animais que convive com os humanos nas cidades, não costuma ocultar suas urgências sexuais; a fêmea demonstra, manifestamente, seu requerimento do macho nos períodos de cio. Com absoluta e bestial impudícia, os cachorros não fazem questão de se esconder para trepar, como é o caso dos gatos que, mesmo pouco discretos e barulhentos, sempre copulam nas sombras e penumbras.

Mas a cadela é, por assim dizer, uma *fêmea pública*; quando excitada, dá mostras evidentes disso; não rejeita os eventuais parceiros, senão que, pelo contrário, a todos aceita, mesmo na rua, assumindo em pleno dia um *live show* de sexo explícito para o olhar do Outro antropomórfico.[4]

---

3) Confirma-se, mais uma vez, que assim como a mãe é sempre *certíssima, pater semper incertus est.*

4) O cão, primeiro animal a ser domesticado, e fiel amigo do homem, é também merecedor do seu desprezo pela atitude de não repugnância perante os próprios excrementos, além do fato de não reprimir em público suas funções sexuais. Na prostituição, os dois elementos do complexo canil estão presentes; pelo rodeio da *escatologia*, aparece o dinheiro como equivalência simbólica. Enquanto transmutação pulsional, o *lucro imundo* resulta numa formação reativa que reforça o julgamento moral.

Sem vergonha

O pudor, virtude e/ou qualidade quase exclusivamente feminina é, segundo Freud, bem mais convencional do que se pensa. Mesmo assim, quando ausente, quando uma mulher se facilita em demasia à vontade de um homem, sua carência é apontada como uma falta. *Sem* vergonha: talvez a degradação não decorra apenas do fato de receber dinheiro por copular, de se aviltar pela comercialização de sua sexualidade. Há uma outra dimensão mais profunda, um limite absoluto da condição humana que, ao ser ultrapassado, provoca todas as reações de *indignação*, causadas por tão grande *indignidade*.

A animalidade, de cuja repressão somos, como conseqüência, seres racionais, retorna do recalcado no caso da baixa prostituição. Na História, seu surgimento está ligado, aparentemente, ao das classes indigentes, resultado das guerras e das dialéticas entre senhores e escravos. Liberadas, pela sua situação paupérrima, da preocupação de cumprir as prescrições e convenções sociais, as *miseráveis* teriam sido alheias às regras e escrúpulos que, em definitivo, delimitam as fronteiras da moral.

A prostituta de baixa categoria está no último degrau da degradação. Podendo ser indiferente às proibições, o que delas sabe é que os outros as observam. Sabe também que está em desgraça: mesmo deficitária em termos de vergonha, pode ter consciência de sua situação de *mulher perdida*.

Por quê? Será que existem, como contraponto, as mulheres *achadas*?

O maniqueísmo

Aqui seria necessário fazer um parêntese para introduzir uma articulação operacional, com a finalidade de formalizar uma contraposição imanente: *"Na origem havia duas substâncias, o mundo da luz e o mundo das trevas, cujas naturezas eram por completo distintas [...] Existiam Deus e a matéria, a luz e a escuridão, o bem e o mal, em confronto absoluto entre si, ao ponto de não haver comunicação nenhuma entre eles [...] Quem conhece as duas árvores e as separa mutuamente, sabe que não nasceram uma da outra, que não saíram de um mesmo tronco".*

Estas frases são da *Epístola do fundamento* do profeta Manes (216-277), de cuja doutrina derivou o chamado *maniqueísmo*. Este dogma apresenta, como realidade imediata, a existência de uma dualidade transcendente à dialética dos seus elementos constitutivos; ao invés disso, anuncia uma diferenciação radical que faz independer os dois princípios, antagônicos entre si.

A *dama e a vagabunda*

Assim, no devir da historicista, na mítica passagem do matriarcado ao patriarcado, a prostituição foi deslizando da sacralidade à infâmia; simultaneamente, com o decorrer dos tempos, a consagração deslocou-se para o casamento, como modelo de união sexual glorificada. E, no final das contas, pouco importaria chegar a concluir qual das duas instituições foi anterior ou precursora, porque — a partir do momento em que cada uma ficou na presença da outra — nunca mais voltaram a se descompletar.

Esta relação deve ser entendida nos termos de uma lógica estrita, resultando uma proposição condicional do tipo: não há *x* sem *y*; de tal maneira que, como dois *arquétipos* femininos, surgiriam solidárias às figuras da *puta* e da *santa*. A segunda delas, imagem nobre e idealizada, condensa — por contraste — todas as significações positivas, seja a título de mãe, esposa exemplar, virgem e/ou mártir, madona, Nossa Senhora.

A alteridade entre matrimônio e prostituição polariza os valores ideológicos do lícito e do proibido, do sagrado e do profano, da monogamia e da poligamia. Talvez esta última oposição esclareça um tanto as diferenças e semelhanças recíprocas: evidentemente, muitas mulheres se convertem em objetos também no casamento, mas é distinta a autorização social da prática da sexualidade. Quando legitimada, é o que constitui a *decência*.

A prostituição, por sua vez, nunca está livre da dimensão do escândalo; sempre foi esgrimida pelos discursos conservadores como paradigma de pecado e devassidão.[5]

La putain respetueuse

Segundo alguns, a prostituição começaria "*no momento em que a provedora de prazer sexual se converte em vendedora*".[6] Entretanto, que quantidade de amantes fariam uma mulher perder seu *status* de honesta? A esta pergunta, a psicanálise poderia responder com várias outras, na órbita da sexualidade feminina:

1. Da inveja do pênis das mulheres, versão do complexo de castração que, Freud *dixit*, constitui o motor do seu desenvolvimento libidinal, partem três caminhos: um deles conduz à inibição sexual ou à neurose; o segundo, à transformação do caráter, no sentido de uma identificação masculina que tornaria inevitável a homossexualidade; por último, uma terceira via, levaria à normalização heterossexual e reprodutiva. Pois bem: que lugar ocuparia o meretrício[7] neste leque de possibilidades?

2. Por que certas questões ligadas à prostituição aparecem, com notável freqüência, nas fantasias de qualquer mulher? Nestas ficções, em que o desejo é imaginariamente encenado, quais seriam as condições do erotismo feminino? Como interpretar as seguintes variáveis, escutadas no percurso de inúmeras sessões de análise, enunciadas por tantas pacientes:

---

5) Na Idade Média, a Igreja queimou as bruxas, mas não condenou as rameiras. Outro tanto aconteceu na Inquisição. A existência da prostituição lhe era *necessária* para manter ativo o circuito da tentação-queda-pecado-arrependimento-penitência-redenção.
6) CHOISY. *Psicanálise da prostituição*. Interessante livrinho que propõe uma versão feminina e, se fosse possível dizer assim, pré-simbólica de *Totem e tabu*.
7) MAGNO. "... *as prostitutas eram mais para o pior da ordem romana. Elas contavam mais com o lado negativo dos valores sociais. E eram com muita precisão nomeadas como aquelas que ganhavam com seus corpos,* quae corpore merent, meretrices. *Que ganhavam, portanto, com o dom da sua graça, quer dizer, elas eram aquelas, ou são aquelas, que vivem de graça. Aliás, talvez por isso sejam chamadas de 'vida fácil'. Ora, que graça!*" (do seminário *Ad Sorores IIII*).

a) o anonimato da longa série daquelas que, na rua, se oferecem à escolha viril, quer dizer, a constatação de ser uma qualquer;
b) a circunstância de poder ser desejada, *mesmo que isto seja possível ao custo de ter que se oferendar inerme ao capricho alheio. A prostituição seria aqui concebida como a* via régia *de acesso ao desejo;*
c) o sem-fim *dos que teriam licença para usufruir do seu corpo, conjunto aberto que poderia incluir, potencialmente,* todos *os homens;*
d) a eventualidade de atribuir à vontade de um outro a exigência de ter que se vender, por exemplo, ser obrigada *a se prostituir;*
e) como conseqüência do que antecede, ter que aceitar qualquer um como cliente, como pagante, não podendo se subtrair *ou dizer não;*
f) o fato de ser paga *para exercer a sexualidade, como se a função utilitária do dinheiro justificasse a realização do ato;*
g) ou também, como desdobramento do anterior, se assumir como "objeto sexual" *e exigir sempre, dos parceiros, algum presente que retribua ou compense sua dádiva carnal; etcétera.*

3. Na alçada do que seria lícito ou proibido, permitido ou vedado nos domínios da sensualidade, que aprazível mais-valia acabaria sendo o saldo desta atividade que coloca suas funcionárias *fora da lei*?

Paradoxalmente, a instituição mesma do casamento, modelo de laço social que codifica o desejo e o transforma em obrigação, situa a *esposa* na imposição de ter que cumprir o *dever conjugal*, no lugar da mulher *teúda e manteúda*. Qual seria, doravante, o preço do amor matrimonial?

4. Da perspectiva do corpo erógeno da mulher de *"vida alegre"* que pratica o *"triste ofício"*: o que ela sente ou deixa de sentir, que grau de excitação comporta sua performance sexual? A respeito, uma afirmação bastante difundida, quase um lugar-comum, diz que a anestesia vaginal seria, senão pré-condição, talvez decorrência direta da citada profissão.

Se isto fosse exato, caberia interrogar um certo chavão do discurso da moral, que é a assimilação da prostituição à *ninfomania*, representação fantástica da mulher eternamente no cio, presa do *furor uterino.*

Por estas e outras questões, seria necessário analisar em detalhe as vicissitudes das pulsões e os avatares dos afetos; considerar a função do orgasmo e suas chances probabilísticas; em suma, descobrir e cartografar os destinos do prazer. Quem sabe, a *frigidez* não seja nenhuma outra coisa além da resposta muda e impotente à penetração venal.[8]

5. Tudo isto leva a considerar, mais uma vez, a posição mestra do falo na sexualidade feminina, e as conseqüências de encarnar, como joguete, o desejo do Outro.[9] Ou seja, haveria que se adentrar na economia do gozo, da inquietante satisfação situada para além do princípio do prazer, na borda escorregadia da angústia.

6. Por último, *last but not least*, o que será chamado de "*Édipo profissional*"... A prostituição, como realidade pragmática, bem que poderia ser um exemplo perfeito de livre empresa. Mas nem sempre isto ocorre; com freqüência, existem duas figuras na vida da "*mulher da vida*" que, de certa maneira, a mantêm em posição de escrava no exercício das suas habilidades horizontais.

Em primeiro lugar, o *partenaire* da cocote, o *cafetão*. Estranho personagem, sua função junto à prostituta, em ocasiões, é apenas profissional, atuando como *proxeneta*: feudalmente, recebe o dinheiro

---

8) No momento do orgasmo — unicamente do macho —, a fulana continua tão fria como sempre, como se nada de especial estivesse acontecendo, talvez *fingindo* um pouco, como para contracenar o melhor possível na situação. Enquanto o homem ejacula, ela espera que seja rápido: deverá se lavar, vestir-se outra vez, voltar a batalhar na rua...

9) Até que ponto a determinação da realidade supera a livre escolha? Na Itália arrasada do pós-guerra, Curzio Malaparte relata, no livro *A pele*, como as mulheres se vendiam aos soldados americanos por uma barra de chocolate, ou um par de meias de *nylon*. Poder-se-ia pensar que a *miséria* absoluta daquelas épocas de neo-realismo não deixava outra alternativa. O curioso do caso é que nem tudo era tão linear, pois: a) os primeiros batalhões ianques que desembarcaram nas terras italianas eram quase todos integrados por negros; b) eles se interessavam, particularmente, pelas mulheres *loiras*; c) a invasão da península começou pelo sul, pela Sicília, onde as mulheres são mediterrâneas, ardentes e morenas; d) então, para satisfazer a demanda, elas tingiam não apenas os cabelos, senão, em especial, os pêlos pubianos, alienando-se para corresponder de maneira literal, ao desejo alheio.

dela em troca de uma vinculação estável, ou, em outras palavras, de proteção. Todavia, na maior parte do tempo, tal relacionamento se encontra erotizado de um jeito esquisito. Num singular investimento libidinal, ela pode transferir nele as figuras do sedutor, do protetor, do amo, do patrão..., enfim, dos derivados do *pater*, dando como resultado uma relação de dependência.

Os dois constituem um insólito casal, podendo ter ou não contato sexual direto; se assim fosse, é óbvio que — a perspectiva dela — seria sempre *por amor*, diferente do *pão nosso de cada dia*. A inversão especular desta cena coloca a mulher na curiosa situação de *ser ela quem dá a grana*. Contudo, também pode não haver sequer relação sexual: o velho clichê da rapariga loucamente apaixonada pelo gigolô, bastante explorado pela literatura e o cinema, quase nunca é verdadeiro.

Em contrapartida, a outra silhueta relevante da configuração é a *madame*. Seu contorno perfila-se sobre o pano de fundo da *imago* materna; o vínculo afetivo-laboral reatualiza a estrutura arcaica do superego feminino, forjado na ambivalência do grude primevo com a mãe, anterior ao complexo de Édipo propriamente dito. Neste caso, numa transmissão cabal de mulher a mulher, perene nas margens da lei.

Porque acontece que, na maioria das vezes, a *cafetina* também foi, quando jovem, uma trabalhadora decidida do sexo. Só que, na atualidade, seu *status* é outro: puta aposentada, sua longa experiência pode ser modelo de uma carreira bem-sucedida.

A iniciação

A prostituição cumpre uma *função social* de grande importância, podendo resolver, na chincha, o problema da estréia sexual do jovem de sexo masculino.

> "Como corolário quase regular da sua educação viril, o menino fica sabendo da existência de certas mulheres que realizam profissionalmente o ato carnal, sendo, por isso mesmo, desprezadas. Mas, no começo, não partilha tal desprezo, sentindo uma mistura de

atração e horror ao perceber que também ele poderia ser iniciado por elas na vida sexual, o que, até então, achava privilégio exclusivo dos adultos."[10]

O dilatado intervalo entre a maturação e o exercício da sexualidade, embora culturalmente determinado, afeta de forma distinta aos adolescentes de todos os gêneros. Assim como as moças de boa família respeitam, com maior intensidade, as restrições às atividades eróticas que lhes são impostas, guardando-se intatas para o casamento, os rapazes costumam se antecipar, inaugurando antes a sua macheza. Porém, não com elas.

A geografia da sacanagem demarca e sinaliza a *zona*: é onde estão as outras, as oficiantes do ritual. Essas que, fazendo muitos perderem a virgindade, assim possibilitam que muitas a conservem... Por sua vez, aquelas que — seduzidas e abandonadas — passam a viver do proveito dos seus corpos, fecham o círculo vicioso da *virtude*: ou virgem ou mártir, condição *imprescindível* da sexuação burguesa.

Amar a mãe

Na vida cotidiana, a libido masculina precisa atravessar uma comporta que pode, de repente, não se abrir. Por isso, a *impotência psíquica* está mais difundida e melhor distribuída do que se pensa. A clínica psicanalítica registra esta perturbação tão característica da sexualidade do homem moderno como um efeito sintomático do conflito inconsciente.

O sujeito expressa somaticamente um paradoxo: ou ele não consegue ter relações com aquela a quem ama, ou então, jamais poderia chegar a amar aquela que deseja. Não por acaso, esta última, causa do tesão, pertence sempre a uma classe, âmbito, situação social *inferior* à outra, a bem-amada.

Na antítese do amor cortês *versus* o apetite dos sentidos, há uma *esquize* que, agindo como disjunção adversativa, impossibilita a

---

10) FREUD. *"Um tipo especial de escolha de objeto no homem"*.

coincidência do amor e do desejo num mesmo e único indivíduo. Muito pelo contrário, a *divisão* seria a norma nas probabilidades da consumação do ato sexual. Porque a mulher amada é herdeira de antigas catexias, conseqüência disto é a tendência à sua idealização. Assim, e na medida em que seus méritos e qualidades são por demais exaltados, seja a título de namorada, noiva, ou esposa, corre-se o risco de ativar, por analogia com as fixações edipianas, o complexo de castração. A supervalorização da idolatrada a coloca num lugar exclusivo, único, anteriormente ocupado no seu psiquismo pela figura da mãe, fêmea arqui-proibida pela barragem do incesto.

Quanto mais *pura* ela for, mais *profano* ele se sentirá; pecador impenitente, seu superego — inquisitório — ordenará *bancar o morto para evitar ser morto*: inibindo a ereção, não arriscará sua virilidade na aventura de *tomar a dama*. Quem não aposta, nada ganha, mas também não perde nada.

É assim que se explica esta redução generalizada da vida erótica do macho, que acede ao desejo na circunstância de concretizá-lo como alguém rebaixado. A *condição* a ser cumprida pelo erotismo varonil exige que *a* ou *as* mulheres, suas escolhas objetais, se encontrem suficientemente degradadas e anônimas como para driblar a espada de Dámocles da consciência moral. A prostituição passa a ser, desta maneira, a via institucionalizada para a satisfação dos *baixos* impulsos.

Às vezes, o sujeito apresenta uma conduta singular e edificante para com a cortesã: pretende redimi-la, tirá-la da lama, salvá-la, e transformá-la em esposa fiel. Esta fantasia de *salvar a prostituta*, que à primeira vista pareceria uma tentativa de unificação do objeto sexual, continua — de fato — a estratégia divisionista: antes, puta; depois de convertida, mulher exemplar. Sempre a mesma *duplicação*, agora escandida no tempo.

Com maior assiduidade, o que acontece é o avesso desta boa ação, pois, quando alguém põe preço ao seu corpo, quem paga acaba confirmando o fetichismo da mercadoria, coisificando-a.

Amor tece *dor*

> ...no México, as conchitas não morrem quando amam...
>
> *Jean Louis Brau*

Que dizer do masoquismo feminino? Que seria um observável empírico, se não o estrutural? Apenas uma fantasia masculina, como afirma Lacan? Todas as possibilidades citadas, juntas num *ballet rosé*?

Para concluir o presente ensaio, *en passant*, três histórias de morte e perdição:

O primeiro drama exemplar corresponde ao Marquês de Sade, se a ponto de seu próprio nome ter sido elevado à categoria de nomenclatura, na semiologia da perversão. Com maior realismo que nas fantasias dos seus livros, em junho de 1772 aconteceu o *affair de Marseille*. Duas mulheres de vida dissipada morreram por ter comido uns bombons oferecidos pelo Divino Marquês, presumivelmente recheados com pó de cantáridas, tradicional e poderoso afrodisíaco, letal em doses elevadas.

A segunda história é a de Jack, o Estripador, personagem que, em 1888, horrorizou a vitoriana Londres com cinco metódicos assassinatos. Segundo uma testemunha da época: "*... mesmo no caso de que Jack tivesse alguma conta que ajustar com a classe das prostitutas... a qual pertenciam todas as vítimas... isto não explica as mutilações quase que rituais que infringia aos cadáveres. Isto tampouco explica por que limitava suas atividades exclusivamente aos miseráveis bairros do East End, onde circulavam as mais baixas rameiras da cidade. Também não dá para compreender por que aumentava o risco de ser pego, sempre numa zona de 2,5 km², situada entre a City, Whitechapel, Spitalfields e Stepny*".[11]

---

11) Existe até uma versão *new wave,* na década de 80, de Jack: Peter Sutcliffe, o "*estripador de Yorkshire*", que matou treze prostitutas entre 1975 e 1981. Finalmente capturado, foi julgado e condenado à prisão perpétua.

Parafraseando Terêncio, seria possível dizer que nada do que é humano é tão estranho que impeça a afirmação cínica de que *nem sempre as vítimas são inocentes...* (embora álibi nenhum possa absolver a quem — no limite extremo da tara ou da paixão — usurpe o direito de dispor impunemente da vida do outro).

Assim, antes de finalizar, deve ser destacado, por um lado, que "*... a psicanálise resolve um dilema da teoria criminológica porque, ao irrealizar o crime, não desumaniza o criminoso. Com o expediente da transferência dá entrada ao mundo imaginário do réu, que pode ser para ele a porta aberta ao real*".[12]

Mas, por outro, quem tem a tarefa e a responsabilidade de julgar e condenar é o juiz, não cabendo ao psicanalista senão descobrir as causas que se ocultam detrás dos fenômenos manifestos, e nada mais.[13]

O terceiro caso, por ser contemporâneo, está bem mais próximo que os anteriores. Uma *borboleta da noite* da *boca do lixo* paulista foi morta por um freguês, apesar de já terem se passado alguns anos, este crime ainda não foi esquecido por completo pela opinião pública.[14] Talvez nada disso chame particularmente a atenção, pois este tipo de notícia não chega a constituir uma raridade. No entanto, a singularidade do episódio foi a maneira de matar, decorrência direta da profissão do homicida: tratava-se de um *veterinário*, e deu cabo da prostituta com uma injeção de veneno, como se ela — da mesma forma que um animal — tivesse de ser *sacrificada*. Depois fez uma fogueira e a queimou, para que o fogo da pira a purificasse, salvando-a do inferno...

---

12) LACAN. *Introduction théorique aux fonctions de la psychanalyse en criminologie*.
13) FREUD. "*... precisamente pela sua existência universal, o complexo de Édipo não se presta para derivar dele conclusões sobre a culpabilidade*". *A perícia forense no caso Halsmann*.
14) Este fato aconteceu em São Paulo, em 05/09/79, na USP.

REFERÊNCIAS BIBLIOGRÁFICAS
BATAILLE, Georges. *O erotismo*. Porto Alegre: L&PM, 1987.
CHOISY, Maryse. *Psicoanálisis de la prostituición*. Buenos Aires: Paidós, 1962.
FREUD, Sigmund. "Sobre un tipo especial de elección de objeto en el hombre". In *Obras Completas*. Madri: Biblioteca Nueva, 1970.
_____. "La perícia forense en el caso Halsmann". In *Obras Completas*. Madri: Biblioteca Nueva, 1970.
LACAN, Jacques. "Introduction théorique aux fonctions de la psychanalyse en criminologie". In *Écrits*. Paris: Seuil, 1966.
_____. "La agresividad en psicoanálisis". In *Escrtios II*. México: Siglo XXI, 1975.
MALAPARTE, Curzio. *La piel*. Buenos Aires: 1972.
MDMAGNO. *Ad Sorores IIII*. Rio de Janeiro: Colégio Freudiano do Rio de Janeiro, 1978.

INCONSCIENTE & CINEMA

SADE / PASOLINI

Um festival de cinema pode ser um oásis de liberdade em épocas de fechamento ideológico. A exibição de *Saló*, de Pier Paolo Pasolini, ficou restrita nos marcos da 5ª Mostra de Cinema de São Paulo, em outubro de 1981, ao mesmo tempo que era indeferida para o circuito comercial pelo Departamento de Censura Federal. Foi então que uma pequena multidão, em longas filas, transformou a ocasião num evento único. O preço da curiosidade foi pago pelo incômodo de uma sala superlotada; a expectativa da platéia era uma homenagem, póstuma e informal, ao criador do filme, morto pouco depois de finalizado este, em 1975. Subtitulado *Os 120 dias de Sodoma*, tem como referência direta o livro homônimo de Donatien-Alphonse-Françoise, Marquês de Sade, autor para quem uma interdição nada teria de novo, visto sua presença ininterrupta e obrigatória no *Index Librorum Proibitorum* desde o século XVIII.

Nem mesmo a posteridade foi benevolente com Sade, pois seu nome, ainda hoje, continua associado ao escândalo. Escritor maldito e teórico da transgressão, para além do fato da sua ficção ser proibida, é interessante observar que suas páginas foram abominadas porque, lidas ao pé da letra, chegaram a ser consideradas descrições fiéis de uma realidade possível. Por isso, e apesar de banido como leitura, o *sadismo* foi admitido como um traço humano que, se a filosofia não podia aceitar, a psicopatologia deveria dar conta. Designa, deste modo, um quadro determinado dentro do conjunto das chamadas psicopatias sexuais.

O mérito semiológico, por assim dizer, de ter batizado uma série de comportamentos e condutas bizarras com o patronímico do Marquês, coube ao sexólogo Krafft-Ebing, quase cem anos atrás.

Porta-voz do saber oficial da ciência médica do seu tempo, seus escritos a respeito eram objetivos; por mais que afirmasse "*... na sua totalidade, o pensamento de Sade é conseqüência de momentos que a razão ignora...*", acrescentava também julgamentos valorativos de severo corte moralista, e o colocava como um exemplo acabado de anomalia.

O retorno a Sade

Já neste século, à medida que alguns dos seus textos foram publicados, a intelectualidade francesa dedicou-lhe a devida atenção. Os surrealistas propiciaram sua volta, para inquietação das boas consciências, e um certo fascínio por este personagem provocou um grande número de artigos, alguns minuciosos e outros apaixonados. Na metade da década de 50, por exemplo, uma pergunta relevante para Simone de Beauvoir era se o *Divino Marquês* devia ser queimado. Sua perplexidade era a constatação dos sofismas sadianos, concluindo, segundo sua lógica, que não haveria afrodisíaco mais poderoso que desafiar o Bem.

O livro escolhido por Pasolini foi publicado pela primeira vez em 1904, depois de longa história. Em 1785, Sade escreveu *Les 120 journeés de Sodome ou l'école du libertinage* durante sua prisão de quase cinco anos na Bastilha. No começo do mês de julho de 1789, quando a impaciência das massas aproximava-se do ponto de ebulição, as informações fictícias das atrocidades que aconteceriam naquele lugar, disseminadas extramuros, desencadearam a insurreição popular, cujo ato inicial foi tomá-la por assalto. Os prisioneiros, entretanto, tinham sido transferidos para outras instituições, e o responsável por estas fabulações, que não era outro senão Sade, confinado no asilo de loucos de Charenton, como castigo pelas suas prédicas. Impedido de levar seus pertences, incluindo vários originais, sofreu amargamente pela inutilidade das suas reclamações, ao se desprender deles. Uma desgraça irreparável, de acordo com sua correspondência: "*... os meus escritos, cuja perda me faz chorar lágrimas de sangue...*"

Um dos carcereiros encontrou o manuscrito, uma longa fita de papel, de doze metros de comprimento, para logo vendê-lo a uma família que o conservou por três gerações. Comprado, posteriormente, por um professor alemão, seria, por fim, publicado em Berlim antes da primeira guerra, pelo psiquiatra Ivan Bloch. A edição francesa de 1929 continha a versão definitiva da obra, estabelecida por Maurice Heine.

O cinema textual

O cinema se deparou com Sade em 1931: a segunda das duas únicas colaborações entre Salvador Dalí e Luis Buñuel, *L'age d'or*, termina com uma seqüência inspirada nos quatro libertinos dos *120 dias*. Outros argumentos seus também foram filmados: *Justine* (1968) e *Eugènie* (1970), por Jesús Franco; *La philosophie dans le boudoir* (1970), por Jacques Scandélari; *Justine de Sade* (1971), por Claude Pierson. Foi, inclusive, protagonista, na pele do ator Keir Dullea, em *De Sade* (1969). Chegou então a hora e a vez de Pier Paolo Pasolini, cuja concepção tem a particularidade de não se restringir ao *script* básico sadeano. São citados em destaque no começo da fita, depois dos títulos, vários escritores que tomaram Sade como tema, com diferentes pontos de vista: Roland Barthes, Philippe Sollers, Pierre Klosowsky, Simone de Beauvoir.

O resultado é um filme com *bibliografia explícita* que, por isso mesmo, presentifica a ausência de outros que dele também se ocuparam: Maurice Blanchot, Guillaume Apollinaire, Georges Bataille, Gilles Deleuze...

Para dar conta do salto do literário ao cinematográfico, ocorre um verdadeiro *sistema textual*, na acepção dada a este termo por Christian Metz: uma ordem estrutural de relações entre os elementos de um filme, que tem por propriedade a combinatória de registros significantes distintos, com prescindência do seu significado manifesto.

Da palavra impressa à representação visual: na leitura de um livro, esta metamorfose da letra fica por conta do leitor, que cria imagens a partir daquilo que o texto lhe evoca. Assim, as mórbidas descrições de Sade, ainda que detalhadas e exatas, sempre deixaram ampla margem de possibilidades gráficas na construção dos fantasmas que provocam. Deste processo decorre a cristalização do imaginado por cada um.

Já no caso do cinema, é o diretor que cumpre tal função, que pode ser desdobrada em duas perspectivas: por um lado, cabe-lhe a operação de passagem do escrito ao visual, mas, por outro, ao fazer isto, ele mesmo se insere no produto final, tornando se indissociável da sua criação. Esta afirmação redunda com maior evidência na versão em inglês desta película, feita para distribuição internacional: *Pasolini's 120 days of Sodom*. Bom exemplo do que se convenciona chamar de *cinema de autor*, o genitivo designa diretamente o realizador.

Uma imagem: 10.000 palavras

O *travelling* do livro à tela — tarefa, em última instância, do cineasta — acontece, por mais fiel que se pretenda ser à pauta original, segundo seu estilo, ou seja, como lhe dá na telha. O filme substancializa uma visão, pessoal e exclusiva durante a filmagem e a montagem; subjetiva, a princípio, e que só é objetivada quando *projetada* aos outros, os espectadores.

Se, além do especificamente cinematográfico, estas questões têm a ver com o ato criativo de um modo geral, é porque situam num primeiro plano o vínculo entre o artista e sua volição, cuja expressão material é a obra em si. Nela, ganha consistência o que a metapsicologia define como *fantasma*: um circuito lógico cuja gramática, simbolicamente determinada, reproduz de maneira estática as relações sempre evanescentes do sujeito com os objetos do seu desejo.

A onipotência do pensamento encontra nele um suporte, na medida em que permite filtrar a realidade através do narcisismo, servindo como defesa e mediação. Funcionando a partir de moldes inconscientes, o fantasma, intrinsecamente, não é resultado ou efeito nem da ação nem da emoção, e sim mera construção. Daí que, sendo encenado como idéia, permite satisfazer anseios e devaneios, visualizando sua realização. Puro exercício de ficção, encontra-se na base de todo pensamento imaginável, isto é, produzido com imagens.

Nesse espaço, a figura do sujeito pode ser representada em tal ou qual momento ou situação como atuante, em movimento, ou passivamente, congelada num gesto, ou até constar implícita na seqüência, com prescindência de sua presença manifesta. Surge aqui um elemento fundante que situa um paralelo entre fantasma e filme — e cuja falta, em ambos os casos, seria inconcebível: a função do olhar. Essencial no cinema — a onividência da câmera —, é o articulador que, também no fantasma, focaliza o visível. Como se fosse um eterno instante de ver, qualquer sujeito encontra-se sempre na posição de estar sendo visto, em perspectiva, por um outro que o inclui no seu campo visual em caráter de objeto.

O espelho da alma

Estas formulações teóricas e abstratas encontram eco no livro de Sade: os *120 dias* são um catálogo de fantasmas, metodicamente classificados segundo um esquema racional. Nele, alguns personagens, cuja liberdade não teria limites, são vistos como todo-poderosos. Aos libertinos — aqueles que seriam isentos o suficiente de toda inibição moral, e capazes de dar completa vazão a todas suas paixões — nada estorva na mais perfeita afirmação das suas vontades absolutas, sem obstáculos ou impedimentos.

Irônica e paradoxalmente, esta singular invenção nasceu numa isolada cela de um cárcere. Ao todo, Sade passou por volta de 27 anos da sua vida preso. Entre quatro paredes, vendo o sol quadrado e forjando fantasmagorias, a literatura era sua saída, quando conseguia transpor as grades com seus escritos que eram difundidos e até publicados, para indignação dos poderes estabelecidos que, de imediato, proibiam e apreendiam. Cabe perguntar se, livre de fato, teria saciado o Marquês a sede de lascívia que o acossava, e a prisão impedia de mitigar...

Ou talvez, invertendo o raciocínio, não seria mais apropriado pensar que estes produtos irreais seriam tão-só as conseqüências do confinamento, carecendo de outro valor que o discursivo, e nenhuma consistência senão a imaginação? Puro prazer do texto ou gozo insuficiente da solidão?

Lacan com Sade

Convém introduzir aqui um outro texto que, embora não citado na bibliografia de Pasolini, também se esmera em dar conta do universo sadiano. Refiro-me a *Kant com Sade*, de Jacques Lacan. Datado em 1962, este escrito ilustra o tema do fantasma como bastidor do desejo, sendo este efeito inerente à ordenação da lei. Lacan tomou os discursos destes dois autores, tão aparentemente dissímeis, como proposições homologáveis, apontando a vigência de uma dimensão simbólica que subordinaria, em definitivo, qualquer formação imaginária.

Em relação a Sade, e parafraseando Kant, a chave do seu sistema consiste numa máxima decisiva, drástica e extrema, válida apenas para aqueles em condições de enunciá-la e fazê-la cumprir, e que teria força de imperativo categórico: *"Tenho o direito de gozar do teu corpo, e hei de exercê-lo sem que limite nenhum me detenha no capricho das exigências que me dê vontade de saciar nele"*.

A partir desta regra fundamental, todas as variações potenciais e infinitas da sexualidade são virtualmente idealizadas como lícitas. Nesta legitimidade apócrifa ampara-se o estereótipo sádico, para além de escrúpulos, remorsos ou hesitações.

Isto se encontra enunciado com todas as letras no texto original, mas até que ponto e de que maneira aparece no filme? Ou, para colocar uma pergunta que sintetiza uma série de outras tantas, considerando o número de questões por enquanto tangencialmente aludidas: quais seriam as coincidências e/ou divergências entre Sade e Pasolini, tanto no campo da estética quanto no plano da ética?

Saló

O ponto nodal é explícito já no título: *Saló*. Assim como o Marquês de Sade situara as jornadas de Sodoma em outra época diferente da sua, no final do reinado de Luiz XIV, Pasolini desloca a ação para as postrimerias da Segunda Guerra Mundial, numa pequena cidade do norte da Itália, onde existiu, entre 1944 e 1945, uma república fascista.

O artifício de aproximar a trama para um momento histórico quase contemporâneo serve tanto para demonstrar o funcionamento do fascismo como maquinário repressivo como para produzir um efeito de verossimilhança maior. Além das atrocidades próprias de uma guerra, é sugerido que também outras piores poderiam ter acontecido.

O núcleo argumental é bastante simples: os quatro personagens principais — aqui, homens da SS com roupas civis — trancam-se num castelo inexpugnável com aqueles que serão, após satisfação dos seus violentos prazeres, suas vítimas. Circunstância que vai se desenvolvendo num tempo e num espaço fechados sobre si mesmos, alheios por completo do mundo exterior. O Duque, o Bispo, o Cavalheiro e o Presidente saciam todo e qualquer apetite ou vontade; tiranos no uso e no abuso de poder naquele microcosmo hierárquico, seus retratos são modernas versões da figura do senhor feudal, do déspota, do amo.

Pasolini preserva o esqueleto básico do relato de Sade, com algumas diferenças notáveis. A narrativa é dividida em quatro etapas, começando pelo *Anteinferno*, preparação para os ciclos que se seguem, sendo o primeiro deles o *Ciclo das paixões*, o segundo o *Ciclo da bosta*, e o último o *Ciclo do sangue*.

De início, todas as providências são tomadas, visando à infra-estrutura necessária para o que virá depois. As vítimas são escolhidas pela sua juventude e inocência, e a beleza é o requisito que todas cumprem por igual. Tiradas abruptamente dos seus lares, sem compaixão nenhuma, são conduzidas ao teatro dos acontecimentos: *"Vuoi de entrate, lasciate ogne speranze"*.

O desejo do Outro

Talvez os elementos mais relevantes do roteiro sejam as quatro mulheres recrutadas de imediato. São velhas prostitutas, espertas em todos os vícios que, depois de ter gasto suas vidas no deboche mais furioso, tinham atingido tal conhecimento que podiam proporcionar um relato exato de todas as taras.

"*É admitido, entre os verdadeiros libertinos, que as sensações recebidas através de órgão do ouvido são as mais vivas*", observava Sade, justificando esta maneira indireta de se excitar, pelo poder do verbo, tão-só. Por não haver aqui relação sexual imediata, é útil, então, evocar outros excessos, outros brios, os quereres dos outros. Esta exigência imperiosa de fruir da curiosidade realça a importância do papel das quatro narradoras, e fornece um exemplo cabal da determinação histérica do querer humano, sempre alheio, condenado a não ser mais que uma incidência reflexa do desejo de outrem.

Neste particular, encontra-se uma alteração na obra de Pasolini. Quatro no original, no filme as narradoras são só três, e a quarta, uma virtuose do piano, acompanha com sua música a fala das colegas.

Vários e diversos motivos podem ser alegados na explicação da mudança deste detalhe na passagem do texto à tela. Considere-se, em princípio, o que é próprio do discurso fílmico: sua estruturação, decorrente de uma sintaxe muito concisa, que coordena as seqüências argumentais segundo uma ordem préfixada. Neste caso, toda uma série de episódios de características similares é assim condensada e abreviada, evitando, desta forma, aquela monotonia típica das constantes repetições do Marquês.

Ademais, deve ser levado em consideração, no privilégio do cinema como técnica expressiva, a utilização de significantes mais *perceptivos*, se fosse possível falar assim, que os da literatura, na medida em que conectam simultaneamente vários eixos sensoriais diferentes: os chamados *sentidos de distância* — a visão e a audição —, junto com as dimensões do movimento e da temporalidade.

Deste jeito, a música integra-se harmoniosamente, e a pianista, com sua arte, deleita tanto aos personagens quanto aos espectadores. Entretanto, por mais bem sucedido que seja este recurso na adaptação da história, acaba derivando num curioso contrasenso: quem devia falar, não diz uma única palavra no filme todo.

A ditadura

De resto, Pasolini respeita com sobriedade o espírito do livro, e o encena com firmeza. Todos os tópicos do sistema sadeano estão presentes, começando pelo universo hermético dos acontecimentos, o lugar da clausura. Protegendo de qualquer eventual interrupção que pudesse quebrar o segredo dos desmandos, o fechamento inacessível também desempenha outra função primordial: funda uma autarquia. Uma vez recluídos, os libertinos, seus ajudantes e suas vítimas constituem uma sociedade completa, provida de uma economia, uma moral e uma fala própria, e de um tempo comum articulado em horários, trabalhos e festas. Tudo o que gira em torno da sexualidade perde sua referência biológica e passa a ser codificado como signo político. O isolamento é a condição *necessária* que permite essa organização utópica, dedicada exclusivamente ao crime.

Lá, as leis são infringidas, os limites ultrapassados, e os valores vitais negados, sendo o resultado a glorificação do Mal, mediante a realização de todas as figuras delitivas possíveis. Quando o frenesi atinge seu ápice, violadas as normas morais, fica evidente que elas mesmas eram as causas do impulso de transgredi-las. Percebe-se, então, que a interdição, veiculada pelo preceito legal, gera uma tensão contrária, diretamente proporcional à carga de repressão que mobiliza. Deste modo, na *República Assassina*, as regras sociais e os direitos humanos só contam como passíveis de serem abolidos.

O imperativo

Quando isto acontece, surge uma nova ordem jurídica, para disciplinar este mundo de senhores e de escravos. Os primeiros se arrogam a faculdade de legislar: erigem leis que apenas valem para os outros, mas não para eles, que se colocam por cima de qualquer restrição. Com exclusão deles, todos devem respeitar um severo conjunto de regras, sob pena de castigos e mortificações nos casos de desobediência. O discurso dos amos instaura a prerrogativa do gozo absoluto dos corpos dos outros, reduzindo-os à categoria de meros objetos à sua mercê, totalmente submetidos ao seu arbítrio. Negados, para sempre, como agentes da palavra e do desejo, mudos e quantificados.

Obrigados à expiação da culpa de provocar o furor dos seus donos, um estatuto, comunicado no começo da reclusão, regula desde os detalhes mínimos do convívio cotidiano, até a fisiologia dos corpos. Extenso e fátuo, o sermão dos fortes revela-se massacrante para os que nada podem fazer senão acatar cabisbaixos.

A linguagem funda a punição, além de explicá-la. Os próprios ditadores aplicam as penas aos insubmissos, e quem sofre é porque fatalmente errou; as sansões nunca são gratuitas, senão justificadas pelo pecado do pecador, cuja falta capital é se acreditar inocente. Não sobra, para estas criaturas, outra alternativa que seguir ao pé da letra as instruções sem esperar clemência nenhuma.

Apesar de tudo, alguns deles, às vezes flagrados não cumprindo o regulamento, preferem delatar outros infratores, para se congraçar com seus carrascos, e assim evitar corretivos. Ao se estabelecer esta cumplicidade, a virtude se faz definitivamente aliada do vício. E, como um joguete à sua disposição, extraviada para sempre.

Os senhores usufruem das vidas dos seus subordinados sem concessões nem melindres: no banquete sádico, o prato do dia é escatológico.

O sinistro

A última parte, tanto do livro quanto do filme, é terrível. No *Ciclo do sangue* são consumados os sacrifícios humanos. A cena em que isto acontece — no jardim do castelo, onde três dos libertinos torturam suas presas até a morte — é observada por outro deles desde uma janela por meio de binóculos. A situação toda — o malvado, impassível, assistindo da janela do castelo o que se passa fora — está filmada em perspectiva. Isento de qualquer sensibilidade, imutável até certo ponto, este desinteresse é a culminação da atitude perversa: para além das paixões, atinge-se a perfeição da apatia, o grau zero da tensão.

Nas imagens que vêm a seguir, numa rápida transposição à câmera subjetiva, a tela mostra, sobre fundo preto, apenas o recorte do campo visual correspondente ao que poderia ser visto por esses binóculos. O espectador não pode deixar de se identificar como sujeito da percepção, e é assim precipitado dentro do plano. A pulsão escópica fixa àquele que vê a partir daquilo que é visto, e quem tiver os olhos abertos também está participando. Surge, então, a náusea, como limite do suportável.

Novamente, retoma-se uma distância objetiva para mostrar, de longe, numa outra janela, a silhueta da pianista, contemplando a carnificina no jardim. Em acentuado contraste com a frieza do libertino, a mulher, num gesto de desespero, joga-se de repente no vazio, perecendo no duro chão, muitos metros mais embaixo. O suicídio, como ato que não admite fracasso, é aqui a metáfora do desvanecimento do sujeito no instante atroz em que a realização do desejo, sem mediações, torna-se sinistra. Como um dejeto, então, cai fora da cena.

Enquanto isso, num outro quarto do castelo, dois rapazes dançam sem preocupação. No anticlímax do último lance, o cotidiano continua como se nada estivesse acontecendo, e a eterna luta entre Eros e Tânatos cristaliza neste paradoxo cruel.

Uma ética letal

O defeito do outro exaspera a dor de existir até o extremo em que o único sentido que lhe resta à vida é sofrer, em carne própria, as conseqüências destrutivas do gozo: trata-se aqui daquela contradição irracional da alma que os Estóicos chamaram de piedade, a identificação com a vítima e seu tormento, desdenhando o amor por si mesmo. Insensata beatitude, na sua trágica ascese, a morte é o preço que a culpa exige para atingir a santidade.

A seqüência da auto-imolação enaltece a diferença ideológica entre Sade e Pasolini. Na acepção de mundo do primeiro, não há lugar para fraquezas, arrependimentos ou expiações. *In extremis*, a decisão de acabar com a existência seria inconcebível no panteão sadeano; ao mesmo tempo, fazê-lo como resposta ao crime alheio revela uma posição ética distinta de tudo o que o Marquês acreditava. A pianista, parca testemunha dos horrores que sobrevêm quando a condição humana deixa de ser respeitada, que prefere se eliminar para não compactuar com aquilo que detesta, é uma personagem exclusivamente pasoliniana, sua verdade abissal.

Requiescat in pace

Termina o filme, de repente, assim como a sina do seu realizador. Pouco depois de completado este, seu derradeiro trabalho, de maneira diferente da pianista-narradora, Pasolini também encontrou a morte, o Amo Absoluto:

> *Lá onde a sorte*
> *insofismavelmente*
> *o levou a ser mártir*
> *de um desejo fatal.*

REFERÊNCIAS BIBLIOGRÁFICAS

APOLLINAIRE, Georges. *El Marqués de Sade*. Buenos Aires: Ed. Brújula, 1970.
BARTHES, Roland. "El árbol del crimen". In *Sade*. Montevideo: Garfio, 1968.
BATAILLE, Georges. "Sade y la moral". In *La filosofia en el tocador*. Buenos Aires: La Novela Filosófica, 1968.
_____. *O erotismo*. Porto Alegre: L&PM, 1987.
_____. *La literatura y el mal*. Madri: Taurus, 1959.
BEAUVOIR, Simone de. *Sade debe ser quemado?* Buenos Aires: Siglo Veinte, 1968.
BLANCHOT, Maurice. *Lautreamont y Sade*. Córdoba: Universidad de Córdoba, 1971.
DELEUZE, Gilles. *Présentation de Sacher-Masoch*. Paris: Minuit, 1967.
KLOSOWSKI, Pierre. "El filósofo perverso". In *Sade*. Montevideo: Garfio, 1968.
_____. *Sade mi prójimo*. Buenos Aires: Sudamericana, 1968.
LACAN, Jacques. "Subversión del sujeto y dialéctica del deseo en el inconsciente freudiano". In *Escritos*. México: Siglo XXI, 1975.
_____. "Kant con Sade". In *Escritos I-II*. México: Siglo XXI, 1975.
METZ. Christian. *O significante imaginário*. Lisboa: Horizonte, 1980.
MILLER, Jacques-Alain. *Dos dimenciones clínicas: Síntoma y fantasma*. Buenos Aires: Manatial, 1985.
NAZÁRIO, Luiz. *Pasolini - Orfeo na sociedade industrial*. São Paulo: Brasiliense, 1982.
SADE, Marquês de. *Os 120 dias de Sodoma*. São Paulo: Aquarius, 1968.
_____. *La filosofie en el tocador*. Buenos Aires: La Novela Filosófica, 1968.
SALAFIA, Anabel. *Kant com Sade*. Buenos Aires: Escuela Freudiana de la Argentina, 1984.
SOLLERS, Philippe. "Sade en el texto". In *Sade*. Montevideo: Garfio, 1968.

POLTERGEIST - O ÉDIPO AMERICANO

Sem ter assinado a direção do filme — responsabilidade de Tobe Hoffer —, *Poltergeist* deve ser atribuído a Steven Spielberg, produtor do mesmo e autor do roteiro no qual se baseia. Num filme anterior, *Contatos imediatos de terceiro grau*, Spielberg tinha já desenvolvido idêntico tema: em ambos, uma criança some, seqüestrada por forças estranhas ou sobrenaturais.

Além desta semelhança estrutural, as duas fitas são manifestamente distintas. *Contatos imediatos* mostra a desaparição de um menino, levado por um objeto voador não-identificado que, de modo pacífico, o devolve a sua mãe. A pieguice da história doura a pílula de uma visão otimista de um futuro próximo, de cooperação e aliança com extraterrestres bonzinhos. Entidades benéficas, bem-vindas sejam, por nos desejarem o bem.

Poltergeist, entretanto, ilustra um presente terrível, perturbado por um passado que volta e arrepia, e a menininha que, no caso, é arrancada dos pais, não é devolvida de boas maneiras. As presenças do outro mundo são aqui sinistros mensageiros da morte e do horror.

Versões antitéticas de um mesmo fantasma, a insistência do assunto constitui um sintoma, o que torna pertinente uma leitura psicanalítica. Não é necessário tomar Spielberg como sujeito em análise porque, fora da transferência, isto é impossível. Outra pode ser a abordagem, pois, em se tratando de crianças como personagens, inseridas numa linhagem (ou seja, filhos ou filhas de alguém), suas histórias sempre permitem ser interpretadas da perspectiva do complexo de Édipo.[1]

---

1) O que é uma criança? Esta pergunta, situável na intersecção dos registros lacanianos (Simbólico-Imaginário-Real), foi respondida por Freud de forma concisa: *A criança, brinquedo erótico*. E o que é um brinquedo? Apenas uma coisa de uso

Pouco importa, no final das contas, que tais argumentos tenham sido premeditados ou não na elaboração dos *scripts*. Idéias assim podem

exclusivo das crianças? Quase tautologicamente, então, elas mesmas seriam brinquedos, nas mãos daqueles que, adultos, já deixaram de ser crianças... Pode-se dizer que os brinquedos existem em função do prazer que proporcionam, por ser esta a sua finalidade. Mas, prazer de quem? Quem seria aqui o sujeito, quem seria o objeto? Quem é esse Outro para quem a criança seria um joguete? Há um qualificativo — erótico — que permite entrever do que se trata. A vida começa na situação passiva de ser alvo da libido adulta. Porque a reprodução é sexuada no gênero humano, são seus elementos considerados mamíferos: um nó de desejos seja aqui a sorte das pulsões do nascituro, cuja história inicia-se muito antes da sua aparição neste mundo. Quem nasce encontra um espetáculo sempre continuado: não começa quando ele chega, senão que, nele, deverá se incluir e adequar: *the show must go on*. Persiste a discussão entre embriólogos e neonatólogos sobre a relação entre a mãe e a criança durante a gestação e na hora do parto. Fala-se em simbiose, fala-se em parasitismo. O concreto é que, numa gravidez, sintetiza-se a continuidade da espécie da maneira usual, embora experiências do tipo *bebê de proveta* possam, eventualmente, oferecer uma alternativa à exclusividade do papel das mães. Mãe, madre, mutter, mother, mater... Ela é o molde, invertido e côncavo, que fará o filho à imagem e semelhança de outrem. Mas ela é também mulher, sina da anatomia do seu corpo sexuado. Um desejo não-espontâneo a transformou em reprodutora, já que, além desta, outras podem ser as vicissitudes da sexualidade feminina. A matriz é a característica específica das mulheres, ainda que, *qual piuma all'vento*, nem todas elas chegam a ser mães. Existem outros caminhos, que podem ser a homossexualidade ou a castidade neurótica: nada garante o destino senão a própria história, o Édipo e a castração. Rochedo irredutível, segundo Freud, a inveja do pênis é, para as mulheres, seu motor libidinal. Curiosa falta de algo que não existe na natureza, mesmo assim, e talvez por não ser natural, que é almejado. A passagem de fêmea a mãe é o resultado da ordenação de uma lei que faz coincidir, num mesmo corpo, funções reais, chances lógicas e sobredeterminações. Do *penisneid* à maternidade, nesta travessia realiza-se a troca, a substituição, a equivalência: pênis igual filho. Dizer que se trata de uma *equação simbólica* pode até ser uma redundância: toda equação, evidente ou não, é simbólica, abstrata. Se não, por que algo seria igual a outra coisa? Neste caso, que têm de semelhante um filho e um pênis? Algumas analogias poderiam ser apontadas: por exemplo, na análise de sonhos e fantasias de mulheres grávidas, às vezes surge a imagem de *um pênis crescendo para dentro*. Também se pode focalizar topograficamente a equivalência, na região genital, ou homologar o parto à castração, etcétera. A saída da mãe é a entrada na vida, e o nascimento não poderia deixar de ser traumático, porque a criança aparece no real. Momento *forclusivo*, embora Melanie Klein fale ali de uma posição esquizo, a psicose fica sob controle enquanto o recém-chegado for simbolizado. Isto quer dizer, não considerado como uma coisa (*das ding*), senão reconhecido como filho, por operar, desde antes, a função paterna, inserindo-o numa linhagem, numa estirpe. Afinal, cadê o pai da criança? Detentor da referência da ordem genealógica, sua palavra só terá força de lei se for aceita pela mãe, condição possível na medida surgir espontaneamente, impulsionadas pelos conteúdos inconscientes do realizador. Não dizia Freud que, se *Édipo rei* emociona tanto um auditório moderno quanto a platéia contemporânea da peça, é porque seus efeitos decorrem da natureza peculiar do material que encena? Considerando *Poltergeist* como uma variante atualizada do drama edipiano, a anedota em que se baseia será o objeto a ser analisado. Nela, o destaque é para o conceito de função paterna, eixo em torno do qual tudo se amarra.

É difícil definir esta instância sem cair em burdas simplificações, já que, intrinsecamente, não dá para positivizar o papel do pai sem redundar em afirmações e valores ideológicos. Em termos esquemáticos, o mínimo a ser dito é que corresponde ao pólo paterno, representante da cultura, ser o lugar-tenente da lei, interditando o incesto e proibindo, com sua palavra, a fusão do filho com a mãe. Esta separação, ineludível, cria a possibilidade de o filho se organizar como um ser independente, detentor de um desejo singular e inalienável.

Para que isto possa acontecer, a figura do pai deve estar à altura da tarefa que dele se espera, se bem que esta adequação nunca é perfeita. A própria exigência de ter que encarnar numa pessoa uma função, resulta numa defasagem substancial. De todo modo, o corte simbólico tem que se efetivar, sob pena de os filhos ficarem presos na armadilha asfixiante do desejo dos pais, sem poder se assumirem como sujeitos dos respectivos destinos.

Assim, *Poltergeist* é um bom exemplo de como um pai pode falhar...

---

em que tenha sido inscrita nela — no seu inconsciente — a interdição do incesto. A função do pai regula a libido materna: a necessária, para que o seu pimpolho possa se constituir; não muita, para evitar que fique capturado, *Mater semper certissima*: seu olhar espelha o esquema corporal de Narciso, as certezas do seu eu, e o desejo do seu desejo. *Pater incertus est*: fora da órbita materna e além do princípio do prazer, o *infans* depara com o enigma da paternidade. Veiculando a proibição, a linguagem o determina como sujeito dividido na enunciação do seu ser, e no desconhecimento da sua verdade. O imaginário filial tem limites simbólicos cuja validade depende da legalidade do lugar do pai na estrutura familiar. No entanto, *His Majesty the Baby* nem sempre tem uma infância ditosa: um acidente no complexo de Édipo pode disparar a angústia, ou alguma inibição, cristalizar como estigma. Então, a psicanálise é procurada, para restituir uma dimensão útil: deixar a criança falar, liberar sua palavra da retórica do sintoma.

Dura lex

Cuesta Verde, Califórnia, década de 80. Simpática cidade, típica amostra da classe média americana, construída há pouquíssimos anos e em constante crescimento. Numa bela residência como tantas, mora a família Freeling. O pai, bem-sucedido corretor imobiliário de meia-idade; a mãe, jovem e bonita dona de casa; e três filhos: uma moça, já adolescente, um garoto de oito ou nove anos, e Carol Anne, a caçula, de três anos, personagem central dos fatos a serem descritos.

Começa o filme com o final da programação de TV de um dia qualquer. No meio da noite, o pai dorme na frente do aparelho, e a menininha, única pessoa acordada na casa, dirige-se à tela e estabelece um diálogo com vozes que só ela ouve, vindas do além através da estática da transmissão.

Quando os pais percebem, ela é levada para o quarto e deitada na cama. Interrogada, no dia seguinte, diz que estava falando com "*o pessoal da TV*".

A vida cotidiana transcorre como sempre para a família Freeling. O pai vende cada vez mais propriedades, agora na Fase 4 da cidade, um novo loteamento, recentemente urbanizado. (Ele, por sua vez, mora na Fase 1, que foi o primeiro bairro a ser construído). Sua mulher cuida do lar e dos filhos; seu sonho, ter uma piscina no jardim, está prestes a ser realizado: as obras iniciam-se com a escavação do buraco daquela. As crianças brincam e vão à escola, tudo é harmonia até então.

Gigantescas nuvens amontoam-se no horizonte, avançando em ondas pelo vale. Uma tormenta vem vindo, ameaçadora. Naquela noite, a terra treme debaixo da casa dos Freeling, quando a menina dialoga outra vez com as vozes televisionadas. Um dia depois, no chão da cozinha aparece uma *fonte* de energia inexplicável, onde impera um poder misterioso que desloca objetos espontaneamente.

Anoitece. O temporal estoura com violência; raios e centelhas cortam as trevas enquanto a chuva cai. O vento agita os galhos de uma árvore que, de repente, ganha vida autônoma e ataca. Freeling Jr. é por ela chupado, e teria sido completamente absorvido pelas raízes não fosse a decidida intervenção do pai, que consegue salvá-lo no último momento.

Ao mesmo tempo, a casa toda é varrida por uma força que faz a menina desaparecer, engolida por um armário, cuja porta aberta evoca a voracidade de uma boca inumana.

Quando se restabelece a calma, a família se dá conta da falta da criança. Todavia, escutam sua voz, chegando de não se sabe onde, através do chuvisco eletrônico do televisor. Carol Anne, na dimensão desconhecida que a aprisiona, só ouve a voz da sua mãe chamando.

Na manha seguinte, o pai procura ajuda. Recorre a uma professora universitária, parapsicóloga, e sua equipe, que instalam, na sua moradia, uma sofisticada aparelhagem computadorizada para medir e registrar as presenças fantásticas.

Os fenômenos continuam acontecendo, cada vez piores, sem que a menina reapareça, eliminada da realidade. Os parapsicólogos são impotentes para mais nada do que ficar embasbacados.

Como última chance, uma exorcista anã, chamada Tangina, é convocada para resolver o problema. Ela chega, dá umas voltas pela casa, e determina um plano de ação. Tudo é feito segundo as suas ordens. A mãe, amarrada por uma corda que o pai segura, mergulha no armário infernal e, numa operação exitosa, resgata a filha, caindo as duas por uma *janela* tridimensional situada no teto da sala.

Depois disto, conjurado o mal e recuperada a menina, as coisas voltam aos seus lugares, e apenas restaria sair daquele lugar mal-assombrado o quanto antes.

No entanto, nessa mesma noite, tudo recomeça outra vez: abre-se a imensa boca do armário, uma força desatada atrai as crianças, e a mãe nada pode fazer, de início, para impedi-la. Sai correndo na procura de ajuda, debaixo de uma intensa chuva. Escorrega no lodo do jardim e acaba caindo no lamacento buraco do que seria a piscina, quando construída. E eis aqui que, no meio da água e do barro, em torno dela, começam a pipocar horrorosos corpos mortos em decomposição, corroídos pelos anos e os vermes.

No paroxismo do terror, é socorrida pelos vizinhos. Volta para a casa e, num supremo esforço, consegue fugir com os filhos, no preciso momento em que o marido está chegando com seu chefe.

Os cadáveres continuam aparecendo, levantando o assoalho num impulso sobre-humano, e a casa toda desaba, se encolhendo no ar até sumir por completo num ponto luminoso. Enquanto isso, a família Freeling se manda, veloz no carro.

Sãos e salvos, porém aterrorizados depois de tantos sustos, abandonam Cuesta Verde para nunca mais voltar, finalizando o filme com eles entrando num motel de beira de estrada.

Sed lex

Única a ouvir as fantasmagóricas vozes do aparelho de TV, a menina Carol Anne some e, no lugar impossível onde foi parar, só escuta a voz da mãe. Pode-se dizer que, em certa medida, esta desaparição e esta maneira de ficar presa numa esfera onde apenas existe a mãe são a alegoria que ilustra uma ausência, ou melhor, uma insuficiência da função paterna. Por não ter operado, talvez, a separação simbólica, a filha não teria outra chance senão ficar isolada no mundo fechado do desejo materno.

Para ser mais exato, tem de ser considerado que a função não se esgota numa única perspectiva da figura do pai. Ao contrário, uma conjunção imponderável de vários fatores determinam que um pai esteja em condições de exercer seu papel satisfatoriamente. Por exemplo, o lado público de Freeling-pai, de vasto sucesso econômico, investido de todos os emblemas da prosperidade, não é garantia suficiente para ele poder cumprir com a obrigação que lhe corresponde. O que está em questão é até que ponto sua palavra tem valor dentro do âmbito familiar, se ele é respeitado pelos seus, se sua autoridade é reconhecida pela esposa etcétera. Porque pouco adianta o prestígio social se, por alguma falha nestes itens, sua descendência fica fora do seu alcance.

Esta incompetência paterna manifesta-se já nas primeiras cenas do filme, com Carol Anne conversando com o televisor e, ao seu lado, o pai dormindo na poltrona. Este sono seria a analogia de um pai que não presta, desligado. As vozes alienígenas, significantes alternativos da função, chegam do exterior, suprindo sua inoperância e sobredeterminando à criança.

Por isso, quando ela é capturada pelas influências maléficas, acontece um curto-circuito na família. Há uma impossibilidade de resolver as coisas dentro do contexto endogâmico; torna-se então necessário trazer alguém de fora para ajudar. Em primeiro lugar, os parapsicólogos que, no melhor estilo universitário, querem apenas gravar, registrar e constatar os fatos, para tentar apreendê-los racionalmente, sem, porém, ter o que fazer com eles, incapazes de solucionar qualquer coisa.

Depois, a exorcista. Curiosa personagem, ocupa o lugar do estrangeiro, do forasteiro, de quem é radicalmente alheio a tudo. Cabe-lhe a reorganização do universo simbólico de todos eles, cumprindo um papel que poderia ter um certo paralelo com um psicanalista. Por um lado, ela veicula um saber na hora em que dá explicações sobre a alma dos mortos; por outro, propicia uma passagem ao ato analítico quando força e insiste para que o pai chame a menina, apesar de ela só se comunicar com a mãe. Tangina lhe diz que deveria até ameaçá-la com uma surra para ela acatar sua palavra. O pai, bastante abobalhado, protesta dizendo que nunca bateu nela. A baixinha insiste, ele toma uma atitude mais enérgica e chama a filha, que responde obedecendo a sua ordem de se colocar numa posição onde pudesse ser salva.

Na operação de resgate, é a mãe quem se arrisca no desconhecido, sustentada literalmente pelo pai. A tentativa é coroada pelo êxito, e as duas conseguem regressar. Mesmo assim, pode-se pensar que, embora recuperada a garotinha, não por isso tal ação foi plenamente eficaz, vista a repetição ulterior. Algo continua em falta.

Todavia, que outra coisa seria um exorcismo senão um dizer, um colocar em plenas palavras aquilo que, enquanto não-dito, produz efeitos desastrosos e que, uma vez verbalizado, ficaria descarregado do seu poder causal, dissolvendo-se como entrave?

Contudo, faltou eficácia ao esconjuro; e não teve o valor de uma interpretação que correspondesse a um corte. Por isso, mais tarde, os bizarros fenômenos recomeçam novamente. O que permanecia torto naquela casa, precariamente articulado, ao ponto de continuar pondo em risco as crianças?

Mais uma vez, o pai é questionado. Ao que parece, a base da sua qualificação social não era tão sólida como deveria ser. Havia algo de errado em relação ao superior hierárquico da imobiliária onde ele trabalhava. Porque Freeling-pai, figura representativa da autoridade na família, submetia-se a uma outra autoridade. E nesta duplicação da instância paterna encontra-se a chave do mistério.

Fica-se sabendo que o chefe teria feito uma trapaça ao lotear as terras vendidas pelo próprio Freeling: existia antes ali, naquele mesmo lugar, um antigo cemitério, cujo conteúdo — os cadáveres — não havia sido mudado na hora de erigir a cidade. Tão-só as lápides dos túmulos haviam sido removidas, edificando-se em cima. A família morava nesse pedaço e, provavelmente, com a escavação da piscina, os mortos foram perturbados no seu descanso eterno, reaparecendo para se vingar, desassossegando os vivos. Retornam como presença real, como testemunhas de uma infração não-simbolizada no devido momento.

Desta forma, tudo o que o filme ensina é decorrente de um episódio anterior, de uma história começada muito antes: a inescrupulosa sede de lucro da especulação imobiliária, encarnada na pessoa do chefe, é o fator que pode ser situado como causa dos acontecimentos inexplicáveis. Prova inapelável de uma transgressão, se o sucesso e reconhecimento de Freeling, perante a sociedade e a família, como recordista de vendas dos zoneamentos, era a resultante de uma falha moral, até que ponto este homem — mesmo desconhecendo tudo — seria efetivamente apto para ser suporte da lei, na medida em que este compromisso exige, no mínimo, honradez? Um deslize na transmissão da paternidade na diacronia genealógica produz conseqüências catastróficas: os filhos acabam pagando pelos pecados dos pais...

No final do filme, no exato momento em que a mãe consegue escapar da casa com as crianças, o pai e o chefe chegam de carro. Ao perceber o que está acontecendo, Freeling passa a xingá-lo e culpabilizá-lo pela situação toda, como o principal causador da tragédia. Aqui se completa o sentido exato do exorcismo que, por não ter sido assumido antes, deu lugar à reiteração sintomática. Estava faltando que a palavra do pai nomeasse o erro cometido de má-fé, para recuperar sua idoneidade ao responsabilizar a quem merecia, restituindo, desde modo, uma ética. Só então ele pode fazer jus ao seu próprio sobrenome, tradução fiel do nome-do-pai: Freeling, significante da liberdade.

No meio de um barulho ensurdecedor, a casa se engole a si mesma e nada fica de tudo aquilo. A família consegue sair em cima da hora, e acaba passando a noite num motel. É interessante chamar a atenção sobre como a última imagem do filme, assim como a última frase de qualquer texto, produz um efeito *aprés-coup*, que ressignifica a seqüência inteira, dando um novo valor retroativo. No começo da fita, aparecia Freeling-pai dormindo e deixando a filha à mercê do televisor ligado. No final, o que se mostra é a família entrando num quarto do Holiday Inn; a porta se fecha, para logo em seguida se abrir novamente, e o pai joga fora um aparelho de TV. Nesta metáfora, tenta-se apresentar uma superação do conflito entre paternidade, legalidade e autoridade mediante uma disjunção radical: ou televisor ou pai, um excluindo o outro.

O televisor representa o espaço fechado do que era familiar e conhecido, e que agora tornou-se estranho. É o lugar da angústia, afeto sufocante que é a conseqüência da impossibilidade de se encontrar uma saída ou um vetor simbólico que limite e nomeie o caos, o real apavorante. Em termos freudianos, seria o território do *unheimlich*, o sinistro por excelência.

Em contrapartida, a função paterna, avalista do tabu do incesto, é a mediação que permite regular a economia libidinal patógena, barrando o apetite fatal do Outro insaciável.

Depois de tantos sustos, tremores e arrepios, e como não poderia deixar de ser, o filme conclui com um *happy end*, para tranqüilidade das boas consciências: o pai restitui a sua função, e Hollywood volta a ser uma fábrica de sonhos.

REFERÊNCIAS BIBLIOGRÁFICAS
FREUD, Sigmund. "Introducción al narcisismo". In *Obras Completas*. Madri: Biblioteca Nueva, 1970.
_____. *O presidente Thomas W. Wilson*. Rio de Janeiro: Graal, 1984.
LACAN, Jacques. *Seminário III: As psicoses*. Rio de Janeiro: Jorge Zahar Editor, 1985.
_____. *Seminário V: Las formaciones del inconsciente*. Bueno Aires: Nueva Visión, 1970.
LOEWALD, Hans. "Ego y realidad". In *El concepto de realidad en psicoanálisis*. Buenos Aires: Kargieman, 1974.
MASOTTA, Oscar. *Ensayos lacanianos*. Madri: Anagrama, 1976.
ROSOLATO, Guy. "Del padre". In *Ensayos sobre lo simbólico*. Madri: Anagrama, 1974.

JOUR DE BELLE

Em 1966, Luis Buñuel dirigiu *Belle de jour*. Na época, foi um estouro de bilheteria, tanto na França quanto no restante do mundo ocidental e cristão. Hoje, mais de trinta anos depois, é consenso considerar este filme como um dos mais importantes da sua carreira; não só, também é uma opinião generalizada incluí-lo na lista dos clássicos da cinematografia mundial.

Para avaliar sua importância, e ainda refletir sobre algumas sutilezas a seu respeito, convém situá-lo nos diversos contextos em que participa. Em primeiro lugar, tratava-se de um romance que teve uma certa repercussão quando publicado alguns anos antes, da autoria do jornalista Joseph Kessel. Buñuel aceitou filmá-lo, por sugestão dos seus produtores. O *script* foi redigido por Jean-Claude Carrière.

Da página à tela, no caso de um livro que vira fita, quando um escrito é transformado em imagens e um roteiro ganha movimento, a distância entre o ponto de partida e o produto final conleva uma mudança radical. Mesmo que o cinema seja um trabalho de equipe, o diretor é especificamente responsável pelo tramado, a visualidade e a ideologia do projeto. Aquilo que acaba sendo mostrado é a resultante de um longo processo, em que todos os tipos de interesse estão em jogo, desde estéticos até comerciais, de formas tanto sutis quanto explícitas. Portanto, a textualidade sistematizada que suporta a produção articula vários referenciais significantes, no intuito de apresentar uma elaborada manifestação plástica, a reboque de uma intencionalidade latente, sempre desbordada.

A seguir, a arte cênica toma corpo na presença dos atores, elementos fundamentais da representação. Da obra em pauta, faziam parte

Francisco Rabal, Michel Piccoli, Pierre Clementi, junto com Catherine Deneuve, estrela indiscutida e maior cartaz, centro das atenções no *set* e na vida real. Antes de trabalhar com Buñuel, ela já era famosa. Tinha feito *Os guarda-chuvas de Cherburgo*, *Pele de asno* e algumas comédias leves, moldando uma imagem graciosa e meiga, além de sensual. Mas também participara de *Repulsa ao sexo*, de Romam Polanski, no difícil papel de uma jovem à mercê da loucura em função de sua libido doentia. E, poucos anos depois, colaboraria de novo com o diretor espanhol em *Tristana*.

Portanto, Deneuve trouxe para o filme o peso específico da sua *persona*, uma mulher bonita ao mesmo tempo feminina e pudica, mas também lasciva, dependendo da oportunidade. Ela é Séverine, uma jovem esposa burguesa insatisfeita, que aparentemente faz jus ao nome, sempre contida, na obediência e submissão aos mais tradicionais valores morais. Entretanto, na metade do dia, e num ambiente bastante diferente da sua casa e meio social, ela é outra. Apelidada de *Belle de jour*, exerce a mais antiga das profissões, num discreto apartamento, até o fim da tarde. Como poderia, alguém tão fina, elegante e bem-educada, cair tão baixo? O filme explicitará que se prostituir nada tem a ver com uma maneira fácil de ganhar dinheiro. Muito pelo contrário, é outra coisa o que ela quer.

Em certa medida, poderia ser afirmado que Deneuve-Sèverine-*Belle de jour* são, todas elas, uma só, na junção da mulher, da atriz, e das suas personagens. Qual seria o seu desejo? É isso mesmo o enigma que, com mestria, furta-se ao olhar, deixando o espectador teso.

As questões levantadas pelo filme poderiam ser pensadas desde quatro perspectivas distintas, porém simultâneas. Elas correspondem às idéias de Sigmund Freud, de Jacques Lacan, de Georges Bataille, e de Camille Paglia.

Do ponto de vista freudiano, este caso deveria ser analisado a partir das conseqüências do complexo de Édipo, por definição e, ao mesmo tempo, desde as vicissitudes da vida sexual adulta. Com efeito, tratar-se-ia de um tipo de neurose bastante freqüente. Sèverine é uma esposa frustrada. Seu marido, médico exaustivamente devotado à sua profissão, não tem muito tempo nem atenção para com ela. Sempre apressado, preocupado com os doentes e sua responsabilidade, espera que a sua mulher seja doce e disposta. Na hora do sexo, ele quer, mesmo sabendo que ela não. Tenta ser gentil, insiste, enquanto ela faz o possível para safar do dever conjugal. Fica claro que não curte ou, pelo menos, não com ele; consegue amá-lo, mas sem o desejar. Ele quer se satisfazer de qualquer jeito, e mesmo percebendo que ela está ausente na cama, a recrimina por ser fria, e espera que algum dia ela mude e amadureça, e possa corresponder à sua demanda.

Tudo indica que ele foi o primeiro homem na vida dela. Daí que a miséria sexual do casal talvez fosse uma seqüela da desfloração. Esta é uma hipótese levantada desde o texto *O tabu da virgindade*, escrito por Freud em 1917, cujas conclusões, sempre vigentes, costumam ser comprovadas pela experiência clínica. É próprio das mulheres guardarem um rancor encoberto em relação ao homem que as desvirginou. Mesmo que ele tenha sido o escolhido, não importando quanto é amado, nem se a ocasião foi fortemente acalentada, em todos os casos, a perda da virgindade é vivida como um dano imaginário. Com maior precisão, uma tríplice injúria: a ruptura do hímen corresponde a uma ferida narcísica no real do corpo; o prazer fantasiado não é nunca proporcional ao prazer experimentado, na medida em que a primeira vez provoca dor; e o fato de deixar de ser pura e intocada, traz como correlato um déficit, a perda da valorização que tinha enquanto virgem. É freqüente algum tipo de vingança feminina inconsciente, por exemplo, a frigidez ou a impossibilidade de se entregar e retribuir o carinho.

Por outro lado, é provável que Sèverine tenha sido criada não só para ser imaculada, como também para respeitar um marido atencioso, mas tão perfeito, que nem seria muito possível enxergá-lo como macho desejante. Assim, quando ela decide se prostituir, tudo muda. Não só consegue gozar com os clientes — bizarros, esquisitos, grosseiros —, como também parece disposta a dar-se por inteiro. Os limites ficam apenas por conta do horário vespertino de prestação de serviços. Freudianamente, é como se fosse um estilo masculino de escolha objetal; na impossibilidade de amar e desejar uma mesma pessoa, seria inevitável uma cissão excludente. Não é viável amar a quem se deseja, e vice-versa. O amor eleva o amado à categoria de intangível; ao mesmo tempo, e por outro lado, o rebaixamento se faz necessário para poder atingir o orgasmo. A degradação do objeto acaba sendo a condição erótica que permite pôr o desejo em causa.

Seguindo a mesma lógica, haveria aqui uma oposição irredutível entre o sublime e o profano. O severo superego apenas pode ser driblado se oferecendo a quem não se ama, como contraponto da interdição de poder ter tesão com aquele com quem, paradoxalmente, seria de direito fruir de forma legítima. Enquanto Sèverine se reprime, *Belle de jour* topa tudo.

Da perspectiva lacaniana, algumas pontuações merecem destaque. Antes de mais nada, a referência explícita ao desejo do Outro, na sua função de sobredeterminação. Sèverine fica sabendo, de um jeito enviesado, que uma conhecida sua — Henriette — se dedica ao sexo mercenário. Quem conta esta fofoca — um amigo do marido, chamado Husson — transmite também um outro dado, o endereço onde aquela vende seus favores. Não resulta claro, pelo menos de início, a intenção deste personagem, cuja vontade hedonista é ilustrada por meio de olhares, tentações e insinuações. De imediato, é instaurado um canal informativo que propicia a imitação. Henriette, para Sèverine, é a *outra* que sabe ser mulher, ou seja, alguém que poderia servir como modelo, sinalizando com seu proceder um acesso ao gozo. E Husson, dando a dica, parece reconhecer em Sèverine a tendência a iguais atitudes. A identificação histérica, portanto, fica duplamente facilitada.

O saber, como parâmetro fundamental, merece especial atenção. Husson é aquele que sabe, sobre o próprio desejo e sobre o alheio. Ocupa uma posição perversa na trama; agindo como um sedutor, e comportando-se, na realidade, como um corruptor. Parece saber tudo: que Sèverine não é feliz no seu casamento, que ela seria capaz de chifrar o marido, que — por dinheiro — qualquer mulher deixaria de ser honesta. Neste particular, entretanto, ele se engana. Nem sempre a grana é o motivo último, sequer primário, da transgressão. Muito pelo contrário, às vezes pode ser apenas um chamariz, ou melhor, um álibi, um *trompe l'oeil* utilitário. Quem poderia ter certeza de que é por cobiça ou por ganância que ela se presta a qualquer negócio?

Um par de noções poderia ser acrescentado, decorrente do pensamento de Bataille. Em primeiro lugar, no tocante ao erotismo. O movimento da libido, na procura da satisfação, não aconteceria nunca de maneira linear, senão pela via de uma mediação. Neste sentido, como condição necessária para incentivar o desejo, normas e restrições tornam se imprescindíveis. A fruição só é possível se houver um obstáculo que, antes de ser transposto, faz com que a excitação aumente até ultrapassar as barreiras culturais. É por isso que a clandestinidade acaba sendo um dos ingredientes clássicos de qualquer tipo de descarga pulsional extra-oficial.

Por outro lado, deve ser considerado que a prostituição, assim como o casamento, são instituições consagradas. Aparentemente, apenas o segundo mereceria respeito enquanto tal. No entanto, não existe um sem o outro. No fundo, trata-se de duas relações de troca, duas modalidades de relacionamento entre os sexos, um deles efêmero, do mesmo jeito que o outro se pretende eterno. Quase complementares, a puta é o avesso da esposa; esta última, também fazendo parte de um certo tipo de comércio sexual, codificado e aprovado.

Ainda por cima, para Bataille, a prostituição constituiria uma atividade tipicamente feminina. O fato de que todas e cada uma das mulheres se proporem como causa do desejo dos homens faz com que esta posição seja, para elas, da ordem da essência, uma maneira de estar no mundo. Em última instância, isto não quer dizer que a totalidade das mulheres seria propensa ao meretrício; não obstante, qualquer delas, se colocando como objeto possível, acabaria dando corpo ao semblante da fêmea acessível.

Para Camille Paglia, "...*a mulher é a fabricante primeva, a*

Primeira Causa". Intimamente ligada ao real, ela é quem traz a vida, a mãe primordial cuja força criativa seria o motor da História. Entretanto, a preeminência de Eros não evita o amálgama contrastante que se estabelece com seu oposto dialético, Tânatos, também presente na potência feminina. O alfa e o ômega do existir decorrem dela, para bem e para mal. Análoga à natureza, contraditoriamente generosa e cruel, a feminilidade se destaca como um motivo plausível para qualquer excesso, o prêmio almejado para o macho mais apto, ou a derrota e a morte para o mais fraco.

Esta simultaneidade leva o nome de poder *ctônico*, ficando muitas vezes explícito no caso das chamadas *personas sexuais*, aquelas figuras que, num determinado contexto sociocultural, encarnam o ideal da mulher bela e misteriosa, capaz ao mesmo tempo de provocar ou a glória ou a perdição de quem dela depende.

Então, Catherine Deneuve seria um bom exemplo, no imaginário coletivo dos anos sessenta, e para sempre depois, de uma personalidade pública que concentraria tais caraterísticas. Ter sido ela a *Belle de jour* na tela parece inevitável *après-coup*, e o papel desempenhado no filme se adequa perfeitamente à sua figura, favorecendo a ilusão de ela ser assim, e por isso ter sido escolhida como intérprete. Nada indica, na realidade, que ela, como pessoa, seja semelhante à personagem, e mais de uma vez, precisou declarar que, como atriz, tinha representado tão-só uma ficção.

Recapitulemos numa esquemática resenha: a dócil esposa de um excelente médico, que deveria usufruir das benesses do casamento, sente-se impedida de desfrutar dos prazeres do leito conjugal. Decide se prostituir, e passa as tardes dedicada ao mais antigo dos ofícios, obtendo, por este expediente, um gozo facilitado. O tempo passa, e algumas coisas acontecem. Husson, o libertino, descobre seu segredo, embora não tire nenhum proveito disso. Um certo dia, aparece Marcel, um jovem delinqüente que se apaixona por ela. *Belle de jour* gosta dele, mas não consegue evitar que a procure como Sèverine, no seu hábitat social. Como ela não cede aos seus apelos, ele termina atirando no marido, no meio da rua. Como corolário, morre num tiroteio, enquanto este último fica paraplégico. A partir de então, ela cuidará da vítima, como uma sorte de expiação das decorrências da sua devassidão. Husson reaparece, no final, para advertir o inválido esposo sobre o tipo de mulher com quem casou, cuja verdadeira índole desconhecia.

Este é o drama originalmente narrado no romance de Kessel, no livro de maneira linear, e no filme, do jeito onírico que sempre foi a marca registrada de Buñuel, ou seja, com *raccotos*, *flash-backs*, sonhos, recordações encobridoras e visões perturbadoras. Seria uma tarefa impossível, portanto, querer colocar em palavras tudo aquilo que entra pelos olhos e supera a coerência e a sensatez. Isto posto, vale a pena lembrar que a linguagem fílmica, desfraldada em função desta história, interdita qualquer independência entre conteúdo e forma, pois o argumento fica absolutamente sensível ao teor das imagens que o ilustram.

Um assunto específico nestas configurações é a imago masculina, escandida nos diversos personagens homens. Como contraponto do marido, calcado na imagem de um pai idealizado, portanto impotente, a figura de Marcel parece encarnar o paradigma da masculinidade. Ele é novo porém experiente, e exibe as marcas da castração como se fossem não apenas sinais, senão emblemas, ou até insígnias. Seu traço distintivo são seus dentes, postiços, feitos em metal brilhante, ao mesmo tempo fascinantes e repulsivos. Seu corpo ostenta cicatrizes, e suas meias, significativamente, estão furadas. Como compensação, tem sempre ao alcance da mão um símbolo fálico: primeiro uma bengala, depois uma faca e, por último, um revólver, o instrumento da tragédia.

Husson, como já foi dito, é o sujeito que se supõe que sabe e que, por isso mesmo, age segundo uma ética toda particular, que se revela nas suas atitudes e lealdades. É aquele que, tendo a *Belle de jour* à sua disposição, acha por bem se abster dela, por ser Sèverine quem realmente interessava possuir. Apesar de libertino, seu comportamento não deixa de ser moralista.

Parágrafo à parte merecem os clientes do discreto bordel

freqüentado até o pôr-do-sol. Um deles tem dinheiro, mas é grosso, caipira e bruto. Outro é refinado, um professor talvez, que gosta de se transvestir de mordomo, e ficar a serviço de uma patroa exigente e dominadora, papel que *Belle de jour*, com sua meiguice característica, é incapaz de desempenhar. Dentre eles, há um que merece destaque. Trata-se de um asiático, corpulento e exibicionista, que só fala na sua própria língua, inacessível para os outros, e que traz consigo uma caixinha, cujo conteúdo mostra às moças presentes. Todas elas olham e se afastam assustadas, menos *Belle de jour* que, interessada, aceita ir para a cama com ele e seu misterioso recipiente. Em momento algum é mostrado seu conteúdo; apenas dá para ouvir um estranho barulho, parecido com um zumbido, como se estivesse cheia de insetos. Seja lá o que for, ela fica mais do que nunca esgotada e siderada após a experiência...

Na sua autobiografia, *Meu último suspiro*, Buñuel conta que inúmeras vezes foi interrogado sobre o que aquela caixinha teria dentro. Nada em particular, ou melhor, *"aquilo que você quiser"*, nas suas próprias palavras. Ou, em outras, um *ágalma*, aquele obscuro objeto do desejo, específico para cada sujeito, capaz de mobilizar a libido, e franquear a dimensão do gozo, para além de qualquer pudor.

Chegamos assim a uma das chaves secretas do filme. Do mesmo jeito que algumas coisas são mostradas, e outras não, satisfazendo a curiosidade por meio da saciedade da pulsão escópica, há uma série de dados auditivos que funcionam como uma outra cena, incongruente com o registro visual. No caso do freguês, junto com o zunzum da caixinha, tem também uma demonstração de machismo, quando mostra seus bíceps bimbalhando dois pequenos sininhos orientais. Numa outra situação esdrúxula, quando um senhor a convida para ir a sua casa e se deitar num caixão funerário, enquanto ele a chama de filha e se masturba, pode-se ouvir o miar extemporâneo de alguns gatos. E antes e depois, nos devaneios de Sèverine, quando imaginava uma carruagem onde iria com o marido, que logo a entregaria à luxúria dos cocheiros: o som dos cavalos e dos arreios é a trilha sonora da sua fantasia fundamental, reaparecendo na cena final, na qual nunca se poderá saber, ao certo, se foi realidade ou imaginação, desejo irrealizado ou satisfação alucinatória.

Belle de jour é um filme que possibilita muitas leituras. Não é necessário compreender tudo, nem resolver todos os enigmas para se encantar com ele, e também se inquietar. É um produto sofisticado que faz jus à capacidade criativa de um gênio da sétima arte. Comentar algumas das suas articulações é até lícito, desde que não seja esquecido que o cerne da questão é o modo como foi feito. O estilo tão particular de Buñuel é o que permite que a história — não muito diferente, no final das contas, da *Dama do lotação*, escrito por Nelson Rodrigues, dirigido por Neville de Almeida e estrelado por Sonia Braga — nada tenha de realista, mesmo sendo plausível.

Mas isto não deveria surpreender. Para alguns poucos escolhidos, o inconsciente está estruturado de maneira surrealista, e a liberdade do fantasma é muito mais do que um discreto encanto...

REFERÊNCIAS BIBLIOGRÁFICAS
BATAILLE, Georges. *O erotismo*. Porto Alegre: L&PM, 1987.
BUÑUEL, Luis. *Mi último suspiro*. Barcelona: Plaza & Janes, 1982.
FREUD, Sigmund. "Sobre un tipo especial de elección deobjeto en el hombre". In *Obras completas*. Madri: Biblioteca Nueva, 1970.
_____. "Sobre una degradación general de la vida erótica". In *Obras completas*. Madri: Biblioteca Nueva, 1970.
_____. "El tabú da virgindad". In *Obras completas*. Madri: Biblioteca Nueva, 1970.
LACAN, Jacques. *Seminário XX - Mais, ainda*. Rio de Janeiro: Zahar Editores, 1982.
PAGLIA, Camille. *Personas sexuais*. São Paulo: Companhia das Letras, 1992.

ARTE PULSIONAL

MEDUSA'S BLUES

"... por una cabeza..."
Carlos Gardel

Em 1919, Sigmund Freud começa seu trabalho sobre *O sinistro* afirmando que raras e poucas são as ocasiões em que o psicanalista se sente incentivado para empreender investigações no campo da estética. Antes de finalizar o parágrafo, porém, admite que, de vez em quando, isso pode acontecer, e justifica o texto a seguir em função apenas de um determinado setor da estética, digno de análise. Nada relacionado com a beleza, muito pelo contrário, bem mais próximo do repulsivo: o *unheimlich*, o sentimento de estranheza, o sinistro. Noção abandonada pelo discurso das belas-artes em geral, homologável à angústia, o afeto psicanalítico por excelência.

Três anos mais tarde Freud escreve que, embora não tentasse amiúde interpretar temas mitológicos, sentia-se inclinado a fazê-lo no caso específico da cabeça decepada da Medusa, e sua horrível representação.

Tanto aqui como acolá, era o mesmo assunto que insistia, exigindo da reflexão freudiana uma elaboração teórica, se adentrando nos domínios do mito ou da arte, podendo dar conta dos efeitos sintomáticos do complexo de castração.

O texto mencionado, datado em 1922 e titulado *A cabeça da Medusa*, ficou quase duas décadas engavetado antes de ser publicado, só depois da morte do seu autor. Apesar de inédito, havia uma referência à questão num artigo do ano seguinte, *A organização genital infantil*. Nele, numa nota de rodapé, Freud completa uma citação de Ferenczi, que também escrevera sobre o particular.

Antes de examinar este curtíssimo trabalho em debate, vejamos o que a tradição greco-latina perpetua sobre a espantosa personagem aludida. A Medusa era uma das três horríveis irmãs chamadas Górgonas, que habitavam a estreita passagem que conduzia até a sombria morada dos mortos. De extremada fealdade, tinha corpo e rosto de mulher, fortes presas, pontudas como as do javali, mãos de bronze, asas de ouro, e sua cabeleira era um emaranhado de cobras e serpentes. Além de tudo isto, seu traço distintivo era o poder de paralisar e transformar em pedra aquele que ousasse fitá-la frontalmente.

Coube a Perseu a façanha de acabar com ela. Com a ajuda de Palas Athena, que lhe fornecera uma espada, sandálias aladas, um saco especial e um capacete que o faria invisível, o herói conseguiu matar e decapitar o monstro, graças a estes elementos mágicos indispensáveis para o sucesso da difícil empresa. Do seu sangue nasceu um cavalo com asas, Pégaso, e o destino final da cabeça foi ficar como brasão no escudo de Athena, transformando esta arma defensiva em ofensiva.

Assim, pois, três são os atributos da mítica cabeça: primeiro, seu olhar petrificante; segundo, seus cabelos-cobras; terceiro, o fato de estar separada do corpo do qual fazia parte. Para Freud, esta última característica era a fundamental, porque explicava e dava razão às outras duas, justificando o pavor concomitante.[1]

No parágrafo seguinte, e sem medição nenhuma, encontra-se a chave da lógica do texto, a equação *decapitar: castrar*. No entanto, o que permite estabelecer tal identidade, de maneira tão pouco ambígua?

"*Numerosas análises familiarizaram-nos com as circunstâncias em que isto ocorre...*" Pedra de toque, a experiência clínica autoriza

---

1) Além da transmissão oral do mito, a cabeça da Medusa foi, ao longo do tempo, reproduzida pela escultura e pela pintura, dando imagem ao horror. Caravaggio, Rubens, entre outros, a tomaram como tema, assim como Aubrey Beardsley, que também desenhou outra decapitação famosa: a de São João Batista, recompensa de Salomé.

a interpretar a mitologia diretamente, sem que a contradição entre a singularidade do sujeito único de uma análise e a pluralidade dos sujeitos-suportes do mito faça necessário estender o conceito freudiano de inconsciente no sentido de uma generalização, como no caso de Jung e seu inconsciente coletivo. Interessava, antes de mais nada, que fosse possível explicar a constituição do símbolo, por decorrer este, especificamente, de um sintoma.

Em 1916, na *Relação entre um símbolo e um sintoma*, Freud escrevia:

> "... nas diversas fantasias e sintomas, aparece também a cabeça como símbolo do genital masculino, ou como representação do mesmo. Alguns analistas devem ter observado que a decapitação inspira, nos pacientes obsessivos, um horror e uma indignação muito mais intensos que em relação a outros suplícios".

Em 1917, no *Tabu da virgindade*, é citada a história bíblica de Judith, retomada em 1921 na *Psicologia das massas*. Deflorada pelo inescrupuloso Holofernes, caudilho sírio que sitiava sua cidade, sua raiva deu-lhe forças para decapitá-lo, convertendo-se assim na libertadora do seu povo. "*A decapitação nos é conhecida como um substituto simbólico da castração*", dizia Freud naquela ocasião.[2]

A assimilação entre decapitar e castrar, dois verbos cujo significado refere a separação, divisão, corte, talho, repousa numa outra analogia, *cabeça: genital*. Desde a *Interpretação dos sonhos*, esta igualdade se impunha nas representações oníricas e suas associações subseqüentes: "*Os genitais podem ser representados no sonho por outras partes do corpo*". Este exemplo típico de um deslocamento de baixo para cima, faz necessário o acréscimo de um outro termo à equação: *o olho*.

---

2) Uma outra referência freudiana à decapitação, embora aparentemente desvinculada do tema da castração, consta num texto de 1921, *Psicanálise e telepatia*, escrito pouco antes que o da Medusa. Seu último parágrafo: "*Reflita-se, porém, nas conseqüências que teria, em relação ao nosso atual ponto de vista, admitir a telepatia. Confirmar-se-ia aqui o que o custódio de São Dionísios costumava acrescentar à narração do suplício do santo. Depois de decapitado, ele teria levantado sua cabeça do chão e caminhado um bom trecho com ela na mão. O custódio comentava: 'Em casos como este, é só o primeiro passo que custa a dar'. O resto vem sozinho*".

No escrito sobre o sinistro, analisando *O homem da areia*, conto de E.T.A. Hoffmann, Freud fala do temor da perda das vistas, motivo de angústia tanto para crianças quanto para adultos. Admitindo que um órgão tão prezado como o olho seria objeto de proteções e ansiedades em relação a um eventual dano, o acento é colocado numa significação distinta da mutilação em si mesma. Se não, "...

... não se levaria em consideração a substituição mútua entre o olho e o membro viril manifestada em sonhos, fantasias e mitos, e se conseguiria desvirtuar a impressão de que, precisamente, é a ameaça de perder o órgão sexual que desperta um sentimento intenso e enigmático, que logo repercute também nas representações de perda de outros órgãos".

Temos, então, duas séries de equivalências. *Cabeça: genital: olho*, e *decapitar: castrar: cegar*. Este último, de cuja ação Édipo seria testemunha em carne viva, punindo-se em conseqüência do crime do incesto, completa a articulação do complexo que leva seu nome com a castração propriamente dita.[3]

Voltemos ao texto:

> "*O terror da Medusa é, pois, um terror à castração, relacionado com a visão de algo. Numerosas análises nos familiarizaram com as circunstâncias em que isto ocorre: quando o varão, que até então recusava-se a acreditar na ameaça de castração, vê os genitais femininos (a), provavelmente os de uma pessoa adulta (b), rodeados de pêlos; especialmente, os da mãe (c)*".

Há, na seqüência destas afirmações, uma progressão de asserções que devem ser analisadas por separado. Em primeiro lugar, e como tantas outras vezes, Freud, invocando sua prática, só faz referência ao sujeito do sexo masculino. Isto resulta coerente com o raciocínio que se segue; entretanto a questão que se coloca de imediato é até que ponto seria igualmente válido para o outro sexo.

Em segundo lugar, é necessário distinguir os elementos em jogo, já que a, b, e c não são a mesma coisa. Superando o relatado na *Organização genital infantil* ou, em 1925, em *Conseqüências*

---

3) Castração, palavra cujas raízes indo-européias são KES ou KAS, do latim *castrare*: cortar, separar; casto: separado de; castelo: edifício separado; castigar (*castus agere*): tornar casto; *in casto*: não cortado ou separado, de onde vem *incesto*.

psíquicas da diferença sexual anatômica, não mais se trata do confronto ocasional entre o menino e a menina, ambos pelados, entreolhando suas *partes*. De repente, é o menino enfrentando os genitais de uma mulher desenvolvida.

No instante de ver, precipita-se a conclusão, sem dar tempo para compreender, e uma das secretas esperanças da criança — a teoria sexual segundo a qual *aquilo* cresceria nelas quando fossem maiores — cai por terra. Fatalmente, pequenas ou grandes em tamanho e idade, elas não têm o que deveriam ter. Percebe-se uma ausência lá onde se aguardava uma presença de algo que nunca esteve. Todavia, tem ali uma novidade, algo mais que a menina não tem. Uma outra presença, inesperada: os pêlos pubianos, vulgo pentelhos.[4]

Para além da imaginação do falo, a curiosidade depara com a verdade da anatomia real, o que não deixa de provocar alterações profundas. No entanto, se esta experiência tem efeitos traumáticos, é porque essa mulher não é uma qualquer, sendo a mãe, antes perfeita e agora estranha.

Ela também não tem, portanto, é castrada. O mais temido teria acontecido; daqui para frente, essa carência instaura a desordem num mundo até então regido por uma lógica irreal, porém consistente e universal: um único sexo, o mesmo para todos. O narcisismo da criança, sustentado pela crença na mãe fálica, sofre um abalo estrutural quando esta imagem se fragmenta. Com certa freqüência, o estado de choque se resolve, para alguns, através e por meio de um *feitiço*.[5]

Mas a pulsão escópica insiste, o vazio desloca o olhar, e a abundância de pêlos atrai a atenção. Completa-se o paralelo com a Medusa. Assim como antes a cabeça podia representar o genital

---

4) "*Acreditava-se que as mulheres pouco teriam contribuído com inventos e descobertas na história da civilização, apenas descoberto uma técnica, a tecelagem. Se assim fosse, poderíamos indicar o motivo inconsciente de tal procedimento. A própria natureza teria proporcionado às mulheres o modelo a ser imitado, com o crescimento, ao ser atingida a maturidade sexual, da vegetação pilosa que oculta seus genitais. O passo seguinte consistiu em aderir, os uns dos outros, aqueles fios destacados da pele.*" FREUD. *A feminilidade.*

5) "*O fetiche é o substituto do falo da mulher (da mãe), em cuja exitência a criança acreditou anteriormente e que, sabemos bem por que, não quer renunciar*". FREUD. *Fetichismo.*

masculino, a mesma, agora decepada, alude ao feminino, e os cabelos-cobras, numerosos, colocam alguma coisa onde outra não está.

Apesar de horríveis por si, as serpentes atenuam o horror desencadeado. Faliformes,[6] sua multiplicação faz mudar a qualidade em função da quantidade,[7] e Freud destaca esta compensação. Aproveita a oportunidade para confirmar uma regra técnica da interpretação onírica: onde sobra, é porque, na realidade, falta...

"*A visão da cabeça da Medusa paralisa de terror a quem a observa, petrificando-o.*" Por mais que se assimile a rigidez à ereção, como uma maneira de desmentir o risco da castração pela confirmação da posse do órgão,[8] uma outra dimensão está aqui presente: ficando teso por inteiro, não é apenas o pênis que endurece, é o corpo todo. Numa oposição dialética, se ter implica a possibilidade de perder, dirime-se a questão voltando a ser um corpo fálico, completo e indivisível.[9]

A totalidade do corpo em ereção, tal era a característica do *colossus* na Grécia antiga, um tipo de monumento antropomórfico que simbolizava a transcendência da morte.[10]

Freud cita também a homossexualidade clássica dos gregos para explicar como era coerente, para eles, a representação da mulher

---

6) A forma é a razão desta equivalência imaginária, diferente das outras, simbólicas, apontadas por Freud em 1916 (*Sobre a transmutação das pulsões, especialmente do erotismo anal*).
7) Assim mesmo, num caso clínico relatado por René Tostain na revista SCILICET n. 1, *Fetichização de um objeto fóbico*, encontra-se um exemplo claro dos diversos destinos que um mesmo objeto — um botão — pode sofrer, segundo se apresente único ou múltiple.
8) Uma pertubação sexual diretamente relacionada com isto é o chamado *priapismo*: uma ereção ininterrupta e persistente antes, durante e depois do ato sexual, desacompanhada de excitação. Embora pareça o oposto da impotência, é o sintoma complementar. Sua denominação refere ao deus Príapo, deidade fálica dos romanos, mas é também chamado *satiriase*, aludindo aos sátiros, lascivos personagens do paganismo.
9) "*Quando o corpo se transforma em falo, o pênis fica fora de cena.*" GARCIA. *A equação corpo igual falo e sua relação com o simbolismo.* In *Cadernos Sigmund Freud*, n. 4.
10) "*Provavelmente tenha sido a alma imortal o primeiro duplo do nosso corpo. A criação de semelhante desdobramento, destinado a conjurar a aniquilação da morte, tem paralelo numa expressiva modalidade da linguagem onírica, que consiste em representar a castração pela duplicação ou multiplicação do símbolo do genital.*" FREUD. *O sinistro.*

impossível: Athena, deusa virgem ornamentada com a cabeça da Medusa, é aquela que não pode ser conquistada por homem nenhum, seja ele um deus, um herói, ou um simples mortal.

Por último, uma palavra em grego é o significante que designa genericamente estes efeitos sintomáticos da castração: *apotrópeos*. Assim eram chamadas as divindades invocadas para se precaver das desgraças ou afastar os perigos.

Segundo uma lógica imaginária e transitiva, o que desperta horror no próprio sujeito, também poderia provocar no inimigo que se quer rechaçar. Por isso, uma ação apotropéica consiste em se defender exibindo aquilo que não se suporta.[11] Além do brasão no escudo de Athena, Freud menciona Rabelais, num picante exemplo de como o diabo foge quando uma mulher levanta as saias e lhe mostra o seu sexo, explícito.[12]

Outrossim, o membro viril ereto pode ter propriedades apotropéicas, nem tanto por assustar ao outro, senão porque a certeza de detê-lo sossega o narcisismo do sujeito ameaçado.[13]

---

11) No livro de Norman Mailer *Os machões não dançam*, encontra-se um bom exemplo disto tudo. O enigma do romance é a aparição inesperada de uma cabeça de mulher loira decepada. Não fosse suficiente, logo são duas as cabeças femininas cortadas, o que duplica o pânico inicial do protagonista.

12) Ou, voltando ao exemplo de Judith, pintado por Caravaggio, Cranach e outros, que Freud cita novamente na *Psicologia das massas*. A cabeça decepada de Holofernes põe seus soldados em fuga: o efeito apotropéico da *decapitação do capitão* inimigo corta os laços que mantinham coeso seu exército, e então a massa artificial se dissolve.

13) Prova disto, aquela peça do vestuário masculino do século XVI, chamada *culhoeira* ou *cod-piece,* um postiço cuja função era avolumar a entreperna. Seu porte permitia a ostentação de uma ereção eterna, inabalável. No mesmo sentido podem ser interpretados certos gestos, como *dar uma banana*, exibição por deslocamento da firmeza do membro. Ou, numa variação do mesmo tema, *fazer os cornos* com os dedos para repelir a desgraça. No sul da Itália, ainda hoje é comum que os homens segurem seus genitais com a mão, para exorcizar maus agouros, quando cruzam com um padre, personagem assexuado que remeteria à castração.

No Brasil, destaca-se a *figa*, talismã contra o mau-olhado; segundo Franco da Rocha, na *Doutrina de Freud*: "... *o símil do culto fálico existe hoje bem vivo no meio social atual, pois outra coisa não é a superstição que atribui à figa o poder de curar certos males. Que vem a ser a mão fechada, com o polegar entre o indicador e o meio? Perdeu-se a ligação mental originária, isto é, a significação primitiva do objeto, mas ficou a feição física que lhe trai a origem.*"

O artigo se encerra com um ponto de suspensão, quando Freud enfatiza a necessidade de investigar a origem de tão medonho símbolo, para fundamentar seriamente estas elucubrações.

Pompéia

Cidade de trágico destino, soterrada pelo Vesúvio, tem sido, ao longo dos anos, uma localidade turística bastante freqüentada pelos psicanalistas. Foi lá que Jung encontrou *Gradiva*, para depois apresentá-la a Freud, que lhe dedicaria um escrito. Foi ali que Lacan viu, nos afrescos da vila dos Mistérios, o *Demônio do Pudor* barrando o falo, transformado em significante. O gesto da mulher se cobrindo quando o último dos mistérios é revelado, imagem reproduzida na capa da edição francesa de *Televisão*, ilustra plasticamente a teoria que dá conta dele.

Eterna, Pompéia continua sedutora para a psicanálise. Nas ruínas de um passado rico em elementos fascinantes, encontram-se traços de enigmas duradouros. Como, por exemplo, o culto de Príapo, o próprio falo.[14] Sua veneração fazia parte do cotidiano daquelas épocas, e sua presença era sentida nos mais diversos aspectos do dia-a-dia. Utensílios domésticos de forma fálica eram comuns, como este vaso de metal que ornamentava o *triclinium*[15] da residência do cônsul local.

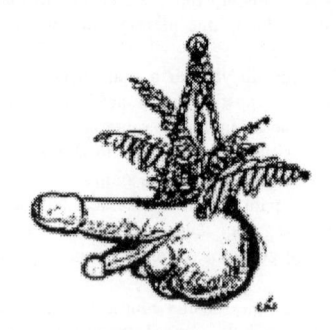

---

14) "*Não sem razão (o falo) tomou sua referência do simulacro que era para os antigos.*" LACAN. *Significação do falo*.
15) O *triclinium* era uma sala da casa romana especialmente destinada aos prazeres da carne, decorada com estátuas e pinturas *hard-core*.

Como representar o que não existe? Como simbolizar o falo, presença de uma ausência? Como esconjurar a castração, fonte da angústia?

Os cabelos da Medusa e o vaso de Pompéia, na noite dos séculos, tentam aplacar a irrupção do sinistro. Soluções de compromisso, mostram que o excesso, funcionando como antídoto da falta, é exatamente aquilo que a denuncia.

E mostram também como, em última instância, a estética é uma formação do inconsciente...

REFERÊNCIAS BIBLIOGRÁFICAS
FREUD, Sigmund. *Lo siniestro*. Buenos Aires: Noé, 1973.
GUIMARÃES, Ruth. *Dicionário de mitologia grega*. São Paulo: Cultrix, 1983.
LACAN, Jacques. *Televisión*. Madri: Anagrama, 1977.

ARS LONGA, PEMBA BREVIS

Da 23ª Bienal Internacional de São Paulo (5/10-8/12, 1996), uma das obras apresentadas merece uma atenção toda especial, pelo prisma psicanalítico. Trata-se do *Universal penis expander*, de Zbigniew Libera, artista da Europa Oriental. Datada em 1995, pode ser lido na placa que a identifica: "*Propaganda em volta de escultura, máquina de aço, stand de publicidade, cartaz e manual de instruções*". Certamente, deveria ser considerada uma *instalação*, na medida em que é integrada por várias peças dissímeis, agrupadas num espaço comum.

Com efeito, tais são as suas partes constitutivas. A *máquina de aço* é uma cadeira de ginástica, desenhada especificamente para um exercício halterofilístico exaustivo, o alongamento do pênis. Um folheto explica a base teórica de vivência, e um cartaz — de tamanho natural — mostra um jovem caucasiano nu, exibindo, orgulhoso e altivo, o feito resultante do uso sistemático da engenhoca, isto é, seu órgão sexual maximizado até o comprimento de quase 65 cm.

No *manual de instruções*, escrito em nove línguas diferentes e ilustrado com fotos e diagramas, consta um guia explicativo das características da proposta, seu pano de fundo histórico, junto com um arrazoado de dados anatômicos. Transcrição: "*O artefato exibido é destinado para fins estritamente úteis. Foi idealizado tendo em vista pessoas desejosas de alcançar, de forma definitiva, estados peculiares de consciência, pela via da experiência da vida ultra-sexual. O sucesso do alongamento do pênis exclui a possibilidade de obter a normal satisfação sexual sob qualquer forma; em troca, o adepto atinge um estado permanente à beira do orgasmo. Este tipo de prática exige treino conseqüente e longo, de caráter deprivativo. (...) O objetivo é duplo: o aparelho deve servir para satisfazer as necessidades daqueles que querem exercer determinados jogos com seus corpos, além de desenvolver eventuais filosofias, técnicas, estéticas, etc, que sinalizariam um sistema de motivação que determinasse, como conseqüência, o status dos seus usuários."*

No item *"História"*, diz o seguinte: "*A idéia do projeto surgiu na base de informações pouco conhecidas, geralmente não documentadas, sobre o tema das práticas de esticamento do pênis realizadas já há milhares de anos em alguns territórios da Ásia e da América do Sul, assim como pelos membros da tribo Sadhu, que habita a planície do Ganges. (...)"*. Estas e outras fontes antropológicas são citações do livro Modern primitives, Re/Search Publications, San Francisco.

Por último, completando o fascículo, uma descrição anatômica do membro sexual masculino, indicando suas virtualidades prováveis, desde que tomadas as devidas providências. No caso, o órgão poderia ser puxado aos poucos, com a ajuda de halteres amarrados à glande, e cada dia são acrescentadas alguns gramas a mais. No entanto, para obter os resultados almejados com maior rapidez, a alternativa eficaz seria o *U.P.E.*, testado e aprovado para uso massivo e consumo popular.

Diagnosticar esta obra como um sintoma da cultura contemporânea acarreta uma série de reflexões. Antes de mais nada, uma pergunta inevitável, porém capciosa: isto é arte? A resposta, se afirmativa, precisaria ser fundamentada. Em primeiro lugar, o fato de ser exposta num lugar consagrado e consagratório — um pavilhão oficial de exposição — é determinante, mas não definitivo. Na moderna tradição inaugurada por Marcel Duchamp, pertenceria à categoria dos *ready mades*, objetos tirados da realidade cotidiana, e elevados *à dignidade da coisa* quando mostrados num outro contexto que não o original e utilitário. Como já foi dito, seria uma *instalação*, na medida em que, na delimitação espacial do seu âmbito visual, se desdobra na justaposição dos elementos que compõem um conjunto objetivado num perímetro préfixado. Entretanto, e para potencializar a questão, porque não radicalizar, inquirindo em altos brados: o que é arte? E ainda neste caso, qual é exatamente a obra de arte? Tratar-se-ia das tralhas ali expostas, o aparelho, as fotos, o folheto? Ou aquilo que fosse possível produzir, como resultado do procedimento adequado, isto é, uma piroca alongada? Portanto, a *obra* seria a montagem propriamente dita, ou seu efeito de alteração somática, exemplificando algo assim como um *body art*? Ela é um meio para um fim, ou um fim em si mesma? *Last but not least*: qual seria o fim? Um prazer da ordem da estética? Sim, mas onde situá-lo? Na simples fruição da observação das peças oferecidas ao olhar, ou talvez, se desse certo seu uso, na contemplação da imagem corporal incrementada, admirada no santuário narcísico do espelho? Voyeurismo, exibicionismo, ou escopofilia polimórfica?

Pois a fantasia masculina de ter um membro avantajado é tão difundida, que parece ser um fantasma fundamental e universal, um mitema, um lugar-comum, um arquétipo dos machos da espécie. No filme de Fellini *A cidade das mulheres*, o personagem interpretado por Marcello Mastroianni pergunta, a um tal de "Dr. Cazzone", se é verdade que, fazendo jus ao seu nome, *"teria um negócio de tal tamanho que lhe seria viável dar um nó no dito cujo"*. Já Octave Mirbeau, no seu livro *Erótica bíblion*, um exaustivo trabalho de busca de referências sexuais nos textos sagrados, conta a história de um rabino apóstata que, desiludido com a sua origem, tenta recuperar o prepúcio perdido na tenra infância, pendurando pesos e esticando a epiderme peniana até cobrir novamente a cabecinha antes deixada na intempérie.

Contudo, o *U.P.E.* supera todas as fantasmagorias deletérias. Todavia, cabe reconhecer o traço de engenho de quem bolou tal criação, e a colocou em prática. Na perspectiva do neoliberalismo da sociedade atual, temos aqui um *gadget plus*-quão-perfeito, prestes a participar de qualquer feira de Utilidades Domésticas, para em seguida ser lançado no mercado. Nem o pai do presidente Schreber, notório inventor de próteses e mordaças, poderia ter imaginado algo deste teor. Por outro lado e simultaneamente, sua feitura ilustra a concretização pragmática do saber da ciência, naquilo que Heidegger considerava um mal necessário, a tecnologia.

Outra pergunta que surge, nestes tempos bicudos, é se ele seria politicamente correto. Do ponto de vista do individualismo pós-moderno, que prefere prescindir do próximo para não invadi-lo e preservar sua privacidade, que opta pela solidão para não incorrer no risco da denúncia por assédio, e que faz do auto-erotismo um gozo legítimo enquanto "sexo seguro", não ficam muitas dúvidas. Para se evitar qualquer denúncia de discriminação, talvez fosse o caso de encomendar uma versão feminina do utensílio, permitindo que até os clitóris possam ser otimizados....

Tudo em cima, vamos ao que importa. Para além de brincadeiras, associações inevitáveis e galhofas pseudo-artísticas, temos aqui uma variação extemporânea da significação do falo, que deixaria o próprio Lacan convicto da sua tese. O falo não é o pênis, e o *U.P.E.* fornece a esta proposição a constatação do seu valor de veracidade.

Uma opção, drástica e radical, é oferecida ao usuário. Para nada uma escolha forçada, antes, talvez, uma decisão: utilizar o maquinário, se assim o desejar. Valeria a pena a malhação localizada? Bem, alguém poderia querer um segmento corporal exagerado que supere o dado pela natureza, ou experimentar as sensações voluptuosas prometidas no prospecto. O interessado deverá, então, pagar um preço, pois o prazer de órgão, levado até as últimas conseqüências, anularia, para sempre, a turgidez necessária para o coito, em prol da exacerbação da capacidade orgástica. Haveria uma satisfação, sim, mas numa alçada diferente do erotismo personalizado e interativo, eliminado num ato irreversível. Destarte, tratar-se-ia de uma substituição erógena que, em definitivo, não passaria de um certo tipo de renúncia libidinal, em que um ganho tem o ônus de uma perda, numa solução de compromisso ao estilo da neurose. Ou, em outras palavras, o telescopismo alvissareiro, longínquo porém inconsistente, tornaria impeditiva a penetração. O narcisismo inflacionado, permitindo erigir um semblante do falo, mais que ocultar, escancara a inexistência da relação sexual, ao mesmo tempo que promove um gozo unívoco, assintótico ao corpo.

O sintoma, inscrição do simbólico no real? Formação do inconsciente, regida pelo desejo em curto-circuito? Ou, visto pelo avesso, somente a presença suplementária de uma ausência, mera cristalização impossível do imaginário, que não serve para nada?

Para concluir, admite-se uma ressalva: e se tudo isto não fosse sério, apenas uma pilhéria? Tão-só uma obra de arte, inútil por definição, destinada ao regozijo do olhar, embora fictícia como instrumento? Assim sendo, restaria a possibilidade de considerá-la como um *witz*, uma fenomenologia do espírito. De todas as maneiras, uma gozação acabaria sendo o saldo sintomático da curiosidade do espectador, se for seduzido pela estética do excesso, ao tentar irremediavelmente driblar a castração. O que custa vale?

O GROTESCO

A vida cotidiana talvez faça parte da realidade; a recíproca, lamentavelmente, não. Às vezes, a percepção consciente, incauta, depara com aquilo que está longe de ser uma visão charmosa e/ou bem-comportada dos fatos ao seu redor. Algumas coisas, à luz da noite ou na calada do dia, recebem, na discrepância com o narcisismo do espectador, o qualificativo de grotescas. Certos objetos — e ainda imagens, volumes e espessuras —, junto com determinadas pessoas, são considerados elementos desta categoria, por mérito próprio, mas também por atribuição do olho que avalia.

Por este viés, o que se insurge na monotonia da paisagem coletiva e consensual, atraindo o riso, seja da comicidade ou do desdém, em se tratando de um exagero qualquer, um crescimento exasperado ou uma inflação, seria condenável como tal. Fora das medidas do senso comum, as belas formas e as boas maneiras torcem o nariz, enquanto caem na galhofa.

No entanto, para além da descarga motora, o regozijo promoveria um prazer suplementar, se ficasse patente que o ridículo em questão decorre de uma afronta escarrada aos valores do superego.

No escárnio ou no desprezo, o sujeito consegue até se divertir tripudiando seu próximo, mas um sorriso amarelo, de vez em quando, como uma sombra de censura, alude à angústia, por ora apaziguada, porém latente, sempre em vias de se perpetuar.

Em compensação, o que ofende também dignifica dialeticamente. Em geral, o *grotesco* tende, pela sua natureza, a nunca ser considerado nem ideal nem modelo, mas pode funcionar por oposição, como contraponto ou pano de fundo do *sublime*.

Assim, no arrepio da harmonia egóica, numa burla frontal à

mesura severa da ponderação ética e à discreta elegância da etiqueta, quando a satisfação obscena das pulsões consagra a estética do *isso*, abre-se um âmbito muito propenso para o gozo deslavado.

A *escatologia* é o discurso que trata das coisas últimas, o que inclui os dejetos que o corpo perde. Para Freud, "... *as fezes, consideradas pela criança como uma parte do seu corpo e um produto do organismo, participam da estima narcísica que dedica a tudo o que concerne à sua pessoa. Portanto, ela se sente orgulhosa das suas deposições, e as utiliza para se auto-afirmar perante os adultos.* (...) *Sob a influência da educação, as tendências coprófilas vão sendo recalcadas aos poucos; a criança aprende a ocultar e sentir vergonha e repugnância das suas excreções.* (...) *O interesse até então dirigido aos excrementos é derivado para outros objetos, por exemplo, da matéria fecal para o dinheiro, que só ulteriormente adquire uma significação específica.*" Num texto anterior, afirmava: "*É muito provável que a antítese entre o mais valioso que o homem conheceu e o mais desprezível, a escória que expulsa de si, tenha sido o que conduziu à identificação do ouro com a imundície*".

Isto posto, eis aqui o expoente de um tipo de obra de arte que pretende ir além de várias convenções, em primeiro lugar, da coisa em si, do seu valor intrínseco, e do fetichismo da mercadoria. Em 1961, o artista conceitual italiano Piero Manzoni fez e vendeu noventa latas cheias da sua própria merda. Cada uma continha 30 gramas de bosta pura, e custava U$S 32, o equivalente ao que se pagaria pela mesma quantidade de ouro, na cotação daquele ano. Nos dias de hoje, suas latas de *merde d'artiste* valem U$S 75.000 por unidade, numa capitalização infinitamente superior ao preço atual do ouro, apesar da inflação das últimas décadas.

Deste caso paradigmático seria possível tirar algumas conclusões. Em primeiro lugar, o poder da sublimação fica evidente, tanto no requisito necessário para qualquer criatividade como especificamente na ultrapassagem das inibições decorrentes do recalcamento. Numa bem-sucedida operação, o narcisismo se mantém intato, de tal jeito que o cocô continua sendo o centro das atrações, como antes foi na infância, destinado à mãe como presente, e agora mostrado e oferecido a um público espantado, porém disposto a uma boa inversão no mercado de arte. Tampouco se perde sem mais, ou melhor, o seu autor tão-só se desfaz dele quando trocado, objetivamente, por uma quantia significativa de papel-moeda.

Por outro lado, fica claro de que forma as *equivalências simbólicas* apontadas por Freud em *A transformação das pulsões exemplificada no erotismo anal*, permitem metaforizar o real, desde que o imaginário seja uma condição eficaz. Todavia, cabe aqui falar em *transmutação*, pois, no final das contas, o artista teria conseguido o que tantos alquimistas tentaram e fracassaram: fabricar ouro a partir de uma substância trivial.

Apesar disto, merece ser lembrado um grafiti clássico de porta de banheiro de faculdade, na época em que a militância marxista ainda fazia sentido: *"Se a merda realmente fosse ouro, os pobres nasceriam sem cu"*.

Porém, assim como São Tomé postulava que o lucro é sempre imundo, em contrapartida, deveria ser afirmado que, em determinadas circunstâncias, a porcaria pode virar mais-valia.

REFERÊNCIAS BIBLIOGRÁFICAS
FREUD, Sigmund."Prólogo para un libro de John Gregory Bourke".
_____. "El carácter y el erotismo anal". In *Obras completas*. Madri: Biblioteca Nueva, 1970.
_____. "Sobre la transmutación y especialmente de erotismo anal". In *Obras completas*. Madri: Biblitoca Nueva, 1970.
Revista *COLORS*, n. 9, 1985.

METAPSICOLOGIA

FANTASMAGORIAS

Hypotheses non fingo.

Newton

Na extenção ou na intensão, é de praxe uma torção tão grande na noção de realidade que se torna necessário, mais uma vez, voltar ao assunto. Para melhor situar o problema: qual seria a novidade que a doutrina psicanalítica, como discurso específico, discorre sobre as vinculações entre o ser e seu mundo?

Na obra freudiana, as atribuições do sistema percepção-consciência são insuficientes para justificar o idealismo da teoria clássica do conhecimento. Com efeito, se as formações do inconsciente *patologizam* a vida cotidiana, isto acontece porque, numa outra cena, o processo primário trabalha incessante, sem nunca descansar, nem quando — muito menos! — o sonhante dorme.

Circunstância esta que Freud muito cedo comprovara, não sem antes cair na armadilha que a concepção vulgar de realidade lhe deparava, sob a forma do trauma e sua veracidade. Foi imprescindível a teorização de um aparelho psíquico de várias instâncias, com uma localização espaço-temporal peculiar e uma tópica discriminada, para poder, só então, propor o despejo da idéia de indivíduo centrado na razão e baseado na intencionalidade.

Pois, sendo os lugares distintos, operam neles forças em oposição, numa dialética ininterrupta em que o movimento perpétuo da libido encontra-se sempre em conflito constante com sua realização. O espécime humano, falante e faltante, não acha naturalidade nenhuma, sossego, adequação ou correspondência exata com o universo dos objetos que habita, nem com os semelhantes com quem se relaciona.

Para Lacan, a lógica do fantasma permite conjugar os termos destas defasagens, porque elucida a representação privilegiada do elo evanescente entre o sujeito e aquilo que causa sua divisão. Como corolário, é possível afirmar que o desejo seria, em última instância, a essência da realidade.

Esta conclusão também está presente nos textos de Freud que, de uma maneira ou de outra, prenunciam e servem de antecedente do conceito lacaniano de objeto *a*.

Qual é o valor do sujeito perante o desejo do Outro? Todos e qualquer um, como são considerados, determinados, significados pela estrutura edipiana? O que esperam e o que recebem os filhos dos seus respectivos pais? Que intercâmbios eróticos acontecem entre eles, assim como entre os próprios filhos? As respostas freudianas para esta série de questões colocam em destaque uma criança que, única até então e absoluta receptora da totalidade do amor dos pais, vê como sua posição privilegiada acaba com a chegada de um segundo filho, um irmão. Agora dois no lugar onde antes era um, perde-se de repente a referida exclusividade.

A existência deste outro, o irmãozinho, evidencia um Outro querer, para além do primogênito, do qual ele nada tem a ver, estando, portanto, excluído. Mais, ainda: o infantil sujeito pode ter comprovado, com seus próprios olhos que, em certas situações, tampouco está incluído nem é bem recebido. Por exemplo, numa cena originária e original, na hora em que os pais realizam o ato sexual, porventura presenciada por aquele, num súbito e sobressaltado despertar. Inoportuno convidado de pedra, pouco poderia fazer diante de tal espetáculo, senão ficar de fora. O cúmulo do descentramento seria, mais tarde, relacionar este acontecimento com a aparição do rival, como sendo um fato conseqüência do outro...

Disto tudo decorre, para este personagem, o surgimento de uma intensa inquietude, diretamente proporcional ao grau de surpresa experimentado. O dia-a-dia traz os dados que suscitam os interrogantes sobre os corpos, seus contatos e funções. Assim, o enigma do desejo, singular, se entrelaça com a incógnita, mais ampla, da sexualidade, e se a "realidade" se apresenta como problemática, é porque ela se ordena a partir de uma ferida narcísica.[1]

Tal curiosidade, manifestada sob a forma de insistentes solicitações, é endereçada aos pais em primeiro lugar e, por extensão, aos demais adultos que, respondendo com a *ingenuidade* que acreditam necessária no trato com a criança, nada mais fazem que transmitir suas dúvidas íntimas nunca resolvidas. As inaceitáveis e pouco satisfatórias informações vão, em definitivo, potenciando cada uma das perguntas, e elas se voltam, como bumerangues, interpelando o emissor com um fatídico *Che Vuoi*?[2]

As frustrantes explicações dos maiores — por exemplo, a arquetípica porém ridícula história da cegonha — colocam o xereta-mirim na tarefa epistemológica de ter que procurar suas próprias soluções.

Por isso, chamaremos de *campo das fantasmagorias freudianas* ao conjunto das produções subjetivas — especificamente: as *teorias sexuais* das crianças, os *romances familiares* e as *fantasias* — que têm por função retificar experiências cotidianas desagradáveis, servindo, como conseqüência, à realização de desejos, na criação de uma realidade à parte. Na clínica psicanalítica, estas ficções aparecem com freqüência, mais tarde ou mais cedo, na medida em que uma palavra puxa outra, por livre associação, e são lembrados antigos temas do passado, encobertos pelas recordações. Estas estruturas inconscientes, privilegiadamente interpretáveis, têm força causal como para provocar um sonho ou cristalizar num sintoma, quando reativadas por um estímulo atual.

Os trabalhos que Freud dedicara ao esclarecimento destes pontos foram escritos entre 1907 e 1909, isto é, uma década depois do abandono da teoria da sedução. Nos primórdios, nos últimos anos do século anterior, o desafio era provar a etiologia da histeria partindo de um fato verdadeiramente acontecido, o trauma, peça-chave que,

---

1) "*O sujeito é a introdução de uma perda na realidade, embora nada seja capaz de introduzir isto, dado que, pelo seu status, a realidade é tão completa quanto pode.*" LACAN. *Da estrutura como inmixig do requisito de alteridade.*
2) Injunção tirada do *Diabo apaixonado* de Jacques Cazotte. "*O Outro retorna ao sujeito desde o lugar onde ele espera um oráculo, sob a etiqueta de um Che vuoi? que o conduz pelo caminho de seu desejo.*" LACAN. *Subversão do sujeito e dialética do desejo.*

segundo o progresso da descoberta, foi ganhando precisão: acontecimento infantil, de incontestável conteúdo sexual, passivamente suportado, que ficava inscrito no psiquismo como um *corpo estranho*, sem entrar em composição com os outros elementos da memória.

A prática da escuta, entretanto, mostrou que a realidade em que se desenvolvia grande parte destas seduções traumáticas não coincidia com a pluralmente partilhada por todos. Tratava-se de uma *realidade psíquica* típica e singular para cada um, algo parecido ao que Breuer constatara no caso de Anna. O, e batizado com o nome de *teatro privado* da paciente.[3] Nela, aquilo que os analisantes relatavam como autêntico era apenas a subordinação do verídico ao verossímil.

Numa nota de rodapé, datada em 1924, na *Etiologia da histeria*, texto de 1896, Freud acrescentava, falando do trauma: *"Tudo isto é exato, mas me faz pensar que, na época em que foi escrito, não tinha ainda me libertado de uma exagerada estimativa da realidade, e insuficiente da fantasia".*

Deve ser concebido, então, um movimento simultâneo em vários planos diferentes. Assim, sendo o inconsciente, aquela *outra cena* em que seria possível ler o surgimento e a sobredeterminação do sujeito, um primeiro âmbito em consideração teria que ser o eu, a partir de sua capacidade de consciência, quer dizer, de substrato imaginário.[4]

---

3) Esta observação pormenorizada daria a Breuer a possibilidade de enunciar sua teoria dos *estados hipnóides,* aceita num primeiro momento por Freud como etiologia do que era denominado *histeria de retenção.*

4) Em relação à questão da fantasia ser consciente ou inconsciente, Freud responde, no artigo sobre *O inconsciente* de 1915, que se trata de algo *misto*, de uma mestiçagem, *de uma mistura de sangues*, de um híbrido sincrético, *um centauro*. Isto permite desmontar a fantasia em dois planos diferentes: por um lado, o devaneio ou sonho diurno, representação de um anseio (*wunsch*) consciente, onde *"Sua Majestade o Eu"* aparece sempre presente, da mesma maneira que nos quadros de altar o retrato do doador encontra-se indefectivelmente em algum ângulo.

Por outro, aquilo que Freud chamou de *protofantasias* (*Urphantasien*), estrutura estruturante típica que impregna toda produção fantasmática do sujeito, ao ponto de colocá-las, na universalidade dos seus temas, como um patrimônio transmitido filogeneticamente.

A relação entre estes dois planos pode ser pensada como uma fita de Moebius, pois ambos seriam um só, se alimentando por reciprocidade.

A manipulação mágica dos objetos e das palavras, e a onipotência do desejo e das idéias, fundamentos do fantasiar, são apenas *prêmios de consolo*, efeitos da limitação da expansão narcísica pelo princípio de realidade.

É justamente esta propriedade de refletir que precisa ser analisada. Reflexão remete tanto à cogitação quanto à repercussão sobre uma superfície polida. Há aqui, evidente, uma referência ao estado do espelho.[5] O saldo deste momento fecundo é, depois da apreensão da própria imagem especular unificada, a constituição da matriz do eu, mais tarde preenchida pela identificação ao semelhante. Da seqüência toda cristaliza uma alienação essencial na figura do outro que permite fundamentar o despertar de uma pulsão de saber (*Wisstrieb*), tal como Freud a descrevera em 1905 no segundo dos *Três ensaios para uma teoria da sexualidade*, estruturada como um conhecimento paranóico: "*São interesses práticos e não apenas teóricos os que movimentam na criança a atividade investigadora. A ameaça das suas condições de existência pela aparição, real ou simplesmente suspeitada, de um novo, e o temor da perda dos cuidados e do amor dos pais que este acontecimento poderia acarretar, fazem-na meditar e tentar averiguar o problema do surgimento do irmãozinho. O primeiro problema que preocupa a criança não é, portanto, a diferença dos sexos, senão o enigma da procedência dos bebês.*"[6]

Nesta altura dos fatos, seria pertinente afirmar a legitimidade do trauma do nascimento como etiologia das neuroses. Todavia, e apesar do Otto Rank, o que resulta traumático, no final das contas, é o nascimento do outro, do rival.[7]

---

5) LACAN, *O Estado do espelho como formador da matriz de eu, tal como é revelado pela experiência analítica.*
6) É quase um lugar-comum dizer que complexo de Édipo não é sequer mencionado nos *Três ensaios* de 1905, só aparecendo nas edições posteriores em nota de rodapé. Por isso, é interessante assinalar que o parágrafo citado *ut supra*, incluído no apartado *A investigação sexual infantil* daquele livro, leva como subtítulo *O enigma da Esfinge*, e é uma indicação inequívoca ao monstro fabuloso com corpo de leão e cabeça de mulher que, nas portas da cidade de Tebas, desafia Édipo com uma adivinhação. Referência explícita do tema implícito, ainda não amadurecido o suficiente, naquela época, como para torná-lo público?
7) Alusões disto permeiam a obra de Freud, desde a exclamação do pequeno Hans (*Análise da fobia de um menino de 5 anos*, 1908), com três anos e meio, logo após o nascimento da irmã: "*Mas eu quero ter nenhuma irmãzinha!*", em 1917, a análise da recordação encobridora de Goethe em "*Poesia e Verdade*". Na obra de Lacan, é paradigmático o exemplo de Santo Agostinho citado na "*Agressividade em psicanálise*" de 1948: "*Vi com meus próprios olhos e conheci bem um pequeno atacado pelo ciúme. Ainda não falava, mas contemplava, pálido e com o olhar envenenado, seu irmão de leite*".

Se, num determinado momento, não importa tanto a questão da diferença sexual, é porque a indiferença é preservada pela problemática fraterna, circunstância que coloca o trono de *His Majesty the Baby* em perigo, mas não faz balançar o altar onde o falo é venerado.

Que culto é este? Trata-se de uma crença cuja convicção é tão forte que chega a ser a energia suficiente como para falsear os dados da percepção: num certo período, tanto o menino quanto a menina acreditam piamente na existência de uma constante somática, supondo que todas as pessoas teriam um órgão genital único, à imagem e semelhança do masculino.

Esta *premissa universal do pênis*[8] pode ser conferida segundo duas perspectivas convergentes: por um lado, a infância reconstruída pela fala dos adultos em análise, na deriva das associações rememorativas, como historização do passado por meio da palavra. Por outro, a partir de uma colheita de dados empíricos, pela observação direta das crianças em pauta.

Premissa: significante do discurso da lógica, que se refere à proposição que serve de base para a conclusão de um silogismo; *universal*, assim qualificada pelo caráter de absoluta generalidade, abrangendo a todos, extensível a tudo ou toda parte; *do pênis*, obviamente, o atributo distintivo do macho. O que talvez não seja tão óbvio é que, na medida em que sua posse é universalizada como premissa mor, sem levar em consideração a vagina, seu oposto dialético e complemento *yin/yang*, já está se falando de outra coisa que, sem ser necessariamente aquele membro real, não por isso seria menos verdadeiro.

De todas as clássicas teorias infantis[9], esta é a fundamental, pois articula todas as outras. Este credo num monismo sexual se apresenta como uma disjunção entre a anatomia e a lógica, e dele decorre a promoção do falo à categoria de *farol da genitalidade*.

De início, para o varão, não é mais que a projeção de uma certeza corporal em todos os outros, esperando encontrar neles o que ele já tem. A menina também projeta os relevos do seu corpo nos outros, e para o narcisismo de ambos parece tão inconcebível a possibilidade dos sexos serem distintos que, quando se defrontam sem roupas,

---
8) FREUD. *A organização genital infantil.*
9) FREUD. *Teorias sexuais infantis.*

numa mítica primeira vez, nenhum dos dois aceita de imediato o que seus respectivos olhos vêem.

Os corpos, que em tudo podem ser iguais, não o são naquele detalhe no meio das pernas, onde — no contraste fundo/forma — um elemento se destaca da gestalt total. Como vivência concreta, não basta se ver nus para que os dois compreendam que os seres são, de fato, dissímeis. Não se encontrando o que se pensava que estivesse, tal falta é negada com uma racionalização: ela também tem, por enquanto não dá para ver porque é muito pequeno; quando ela for maior, crescerá.[10]

Portanto, durante o primado do falo, a diferença sexual não é reconhecida; conseqüentemente, a vagina, sua existência e função, são desconhecidas. Na ilusão do *unissex*, a criança se esforça para aceder ao mistério da reprodução, faltando-lhe, inclusive, outro dado básico: o sêmen, substância vital cuja participação é inimaginável para o investigador infantil.

Curioso, embora dogmático nos seus preconceitos, o pequeno pesquisador deve encontrar explicação sensata para a seguinte charada: sabendo já que os filhos são feitos no interior do corpo materno,[11]

---

10) O complexo de castração se estrutura a partir desta defasagem entre a imaginarização do falo e o real da anatomia, mas só adquire consistência, verossimilhança e força causal quando a criança escuta alguma palavra de censura e limitação à sua atividade auto-erótica. Algumas vezes, trata-se de uma intimidação no pleno sentido do termo; em outras ocasiões, a alusão a uma punição ou, senão, qualquer tipo de ameaça de repreensão da masturbação.

Após a amarração do nó, o elemento visual subordina-se ao simbólico, e, então, aquilo que se percebe como faltante no corpo da menina é interpretado como resultado de um corte, de uma mutilação. Tanto este argumento quanto o anterior recusam a realidade da percepção sensorial em prol da manutenção da integridade narcísica livre de contradições, deslocando o falo ao futuro ou ao passado. No entanto, e isto seria o mais importante, esta "alucinação" da punição oferece validez retroativa à ameaça como enunciação de uma lei que, efetivando um limite, recria a proibição do incesto decorrente da função paterna.

11) Quando a criança vê sua própria mãe grávida, seu corpo mudando de forma, mesmo não entendendo muito do que se trata, não consegue mais continuar aceitando cegonhas e demais tolices. A alternativa, em termos de ilustração infantil, poderia ser a chamada *educação sexual*, discurso que se apresenta como uma didática bem ordenada (e bem-intencionada) para o esclarecimento dos mistérios do sexo à luz da ciência e da razão.

Todavia, ainda que as crianças de hoje estejam muito mais bem informadas que suas colegas vienenses do começo do século, continuam, como sempre, acreditando freudianamente na unicidade...

como entender o canal de saída? Como compatibilizar a imago da mãe fálica com a necessidade de ter que expulsar o fruto do seu ventre?

Sem grandes dificuldades, a criança conclui baseada numa outra certeza corporal, buscando a saída onde já sabe que tem uma: o ânus. A analidade permite sustentar a ideologia fálica por uma razão primordial: a partir da referência a *algo que todos têm* (e ninguém deixa de ter), admite-se apenas um único orifício. Uma vez instalada, a *premissa universal do cu* formaliza a possibilidade de parir, para mulheres, homens e até crianças.[12]

Deste jeito resolve-se a incógnita da origem do recém-chegado, mas não o incômodo de ter que dividir com ele o amor dos pais. Fica claro, então, que o competidor disputa com o sujeito o lugar de desejado, por ser produto de um outro desejo parental, excêntrico.

Entramos aqui, de cheio, no chamado *romance familiar*.[13] Numa primeira etapa, trata-se de substituir os pais, na imaginação, por outros mais permissivos ou melhores; numa segunda fase de manifesto conteúdo sexual — é tematizada a pergunta: o que é estar casado? A que se dedicam os pais quando estão sós, com a porta do quarto fechada? Brincam de urinar um na frente do outro? Será que se mostram mutuamente o traseiro? Ou talvez, e eis a questão, fazem crianças...?

Seguindo à risca a teoria da cloaca ou parto anal, não seria preciso levar em consideração a dissimetria funcional entre o pai e a mãe; surge aqui, como conseqüência lógica, a teoria da *couvade*: ambos os cônjuges participam igualmente do natalício. Contudo, um dado fático estabelece uma distinção entre os dois. Mais uma vez, outra certeza corporal, só que agora sediada no corpo da mãe: mudando

---

12) Por exemplo, no caso do pequeno Hans, na seqüencia de *saffalodi* e *fazer bagunça com os pés*. Obviamente estes *filhos anais* seriam excrementais, o que remete às equivalências simbólicas da *Transmutação das pulsões e o erotismo anal* de 1917.
13) FREUD. *O romance familiar do neurótico*.

de aspecto durante a gravidez, não deixa dúvidas sobre o lugar onde é gestada a outra criança.

A maternidade, provada pela evidência, implica a incerteza sobre o papel desempenhado pelo pai no processo todo. Mas a resposta à pergunta: o que é um pai? não pode ser simplesmente induzida, senão deduzida, para além de qualquer relação fatual entre fecundação e parto, dado que a função do pai não é apreensível pela via dos sentidos. Exige, por parte dos filhos, uma disposição gnoseológica irredutível para assimilar os direitos do pai para com a mãe, e a subordinação a uma lei constituinte, que é tanto a do casamento quanto a da interdição do incesto, garantia de tais prerrogativas.

Assim, o romance ou novela, que costuma ter como personagens os membros da família, pode apresentar um argumento em que — atribuindo à mãe relações ilícitas e extraconjugais,[14] tantas quanto o número de irmãos competidores — se consegue a desafiliação dos rivais, ao mesmo tempo que o reconhecimento do sujeito como único filho legítimo.[15] Eliminando os outros com este recurso, que os condena à bastardia, ser genuíno justifica a preferência.

O problema da legitimidade ligada à paternidade — ser reconhecido pelo pai — leva a uma determinada encenação da rivalidade fraterna, na fantasia-padrão enunciada como: *uma criança*

---

14) É interessante observar o que poderia ser seqüela destas fabulações. Cindindo a figura materna em mãe pura e esposa infiel — desejante, transgressora da lei do matrimônio — encontra-se já o fundamento do que mais tarde se apresenta como aquela degradação geral da vida erótica que Freud descreve em 1912. A partir da primeira teoria das pulsões, existiriam duas correntes de relação com os objetos parentais: uma carinhosa, e a outra sensual. Estas duas vertentes dividem o objeto primário infantil de tal maneira que, como conseqüência patológica, o sujeito pode desejar mulheres as quais não ama, e, com aquelas que ama, não pode fazer amor. Daí que, sendo esta bifurcação generalizada, o objeto do amor tenda a não coincidir com o objeto do desejo. Também pode ser acrescentada aqui a fantasia de salvação (*Sobre um tipo especial de escolha de objeto no homem*, 1910), em que se vê a duplicação desdobrada no tempo: antes santa, agora prostituta (que deve ser salva), ou primeiro puta, resgatada da sarjeta, e mais tarde, mãe devota.

15) Por extensão, o romance se refere ao problema da identidade: quem são meus pais, pois deles dependerá quem sou eu. O que se apresenta como enigmático — a função do pai — leva a duplicá-lo como pai idealizado, anterior, e o pai atual, real, que se trata de exaltar, substituindo-o por uma figura superior.

é espancada.[16] Freud parte da formulação verbalizada da fantasia, confessada no tratamento não sem grandes resistências, que pode aparecer de várias maneiras, sendo as mais freqüentes: *batem numa criança*; *uma criança é surrada*; *bate-se uma criança* (*Ein kind wird geschlagen*). O trabalho analítico decompõe a fantasia em três tempos: no primeiro, arcaico, um adulto — o pai — bate num irmãozinho ou irmãzinha, negando amor à criança que sofre os maus-tratos. Pode ser descrita assim: *O pai bate em outra criança porque gosta só de mim, e de ninguém mais*. Resultado: este triunfo sobre o antagonista garante a exclusividade da relação libidinal com a figura paterna. Deve ser construído, a seguir, um segundo tempo que dê lugar à frase monolítica e decisiva da fantasia.

Vencendo o rival desta maneira, aparece a culpa, tanto pela vitória mesma como pelos desejos edípicos anteriormente interditados pelo superego, e agora possíveis. Por obra e causa da consciência de culpabilidade, o sujeito é forçado a participar da montagem, neste momento, para apanhar do pai: *Meu pai me bate (Eu sou batido pelo pai)*. Daqui para frente, a passagem para a fórmula definitiva da fantasia acontece pela ação do recalque, que oculta o apego incestuoso ao pai mudando os personagens, agora uma criança e um adulto anônimos, impessoais.

Sem entrar numa análise detalhada desta questão (faltaria articular o deslocamento do sadismo ao masoquismo, as diferenças de conteúdo segundo o sexo do protagonista, o recalque e a repressão do erotismo anal, etcétera), é necessário grifar as seguintes disposições: o percurso do sujeito, de espectador a ator, e sua aparição — ou não — representado na primeira pessoa.

Até aqui, as fantasmagorias podem ser definidas como

---

16) Em relação a este tópico da lei e da exclusividade, quando a criança escuta dizer que *deve sua vida aos pais*, surge o tema da dívida, que dá lugar à fantasia de autonomia absoluta. A contradição entre ser autóctone ou dependente se resolve com esta fantasia, segundo Freud, a mais completa, que satisfaz a totalidade do desejo: o sujeito se identifica com o pai, tem relações com a mãe, e o filho assim gerado é ele mesmo.

produções determinadas pela interseção de dois campos conflitivos: o triângulo edipiano propriamente dito e a relação especular de agressividade entre pares.

Na dialética com o irmãozinho, o narcisismo do infantil sujeito esbarra com o limite da alteridade. Esta emergência pode eclipsar, durante um bom período, a preocupação com a dinâmica do falo no interior do complexo de Édipo, mas, como inevitável sina, a castração acaba por se impor.

Chegamos, por fim, ao tema da cena primária, o coito dos pais, e o que isto significa para a criança. Esta circunstância sempre foi de grande interesse para Freud, que a reconsiderou várias vezes na sua obra, desde a época das cartas a Fliess, até no *Moisés e o monoteísmo* de 1937, um dos seus últimos textos, passando pelo historial do *Homem dos lobos*, em que sua articulação constitui o *leit-motiv* do tratamento.

Realidade ou fantasia? Esta pergunta situa os dois pólos da oscilação freudiana e se, inicialmente, podiam ser "... *coisas escutadas mas só mais tarde compreendidas...*" (carta a Fliess n. 61), ou de "... *um fragmento de uma cena visual que se liga a um fragmento de uma cena escutada...*" (manuscrito M, 1987), em 1924 chega à seguinte conclusão[17]: "... *é impossível admitir que tais observações do coito parental ocorram invariavelmente, de modo que nos defrontamos aqui com o problema das protofantasias*".[18]

Em algumas ocasiões, entretanto, o ato sexual do casal é presenciado, em detalhe, por um *voyeur* inesperado. Uma porta, prosaico elemento de qualquer casa, pode ser a condição. Fechada, não apenas coloca uma impossibilidade de fato, como também

---

17) FREUD. *A dissolução do complexo de Édipo*.
18) As protofantasias, segundo Freud, podem ser agrupadas em torno de três temas centrais, que seriam os eixos de qualquer fantasia: cena primária, sedução e castração. A esta lista, Victor Tausk acrescentou o retorno ao seio materno, no seu artigo clássico sobre a *máquina de influir*. Assim como os mitos, as protofantasias tentam representar e solucionar um enigma, que sempre tem a ver com as origens: tratar-se-ia, na cena primária, da origem do sujeito; na sedução, da origem da sexualidade; e na castração, da origem da diferença dos sexos.

presentifica uma lei que divide territórios e pertinências.[19] Aberta, permite a inclusão na situação: a criança começa assistindo de fora até ser descoberta, e quando é flagrada vendo, é objetivada por um olhar que a precipita dentro da cena como participante. Encontrando-se desprotegida, sem entender o que subitamente está lhe acontecendo, e sem chance de dar resposta, sobrevém um susto (*schreck*), e a libido infantil implode em mil pedaços. Este é o preço que o desejo paga para ver. E não deve ser esquecido que, mesmo que o pequeno não quisesse abrir os olhos para evitar o trauma, ele nunca poderia fechar os ouvidos...

O prazer da participação ideal e a proibição da participação real: um eunuco no harém. O efeito da cena primária é petrificar o espectador: o efeito da cena primária é a castração.[20]

Esta petrificação remete diretamente ao encontro com a Medusa: a mãe, até então creditada como fálica e completa, mostra, no confronto dos corpos, na união sexual, uma ausência onde era esperada uma presença.[21]

E esta carência, situada no plano genital, atinge o infantil sujeito como a ferida mais profunda: seu narcisismo era alimentado pela libido materna, e esta, gerada pelo falo, assim como seu desejo era tão-só corresponder ao desejo dela. Mas agora, na medida em que se revela incompleta, desejando outra coisa, a angústia emite seu sinal de alto risco.

Não é surpresa, então, que a interpretação da cena primária seja sádica: a atividade sexual é decodificada como um gesto violento oem que a parte mais forte se impõe à mais fraca, e se estes papéis correspondem ao pai e à mãe — sendo que o primeiro tem algo que a segunda não tem — a conclusão é que ela teria perdido, ao ser derrotada, aquilo que antes teria tido...

Superando paradoxos e driblando aporias, fica clara a derradeira finalidade do *wiesstrieb* perante a realidade. Sabendo para nada querer

---

19) LACAN. *Seminário II: O eu na teoria e na prática da psicanálise*, capítulo XXIII, *Psicanálise e cibernética*.
20) BROWN. *O corpo do amor*.
21) FREUD. *A cabeça de Medusa*.

saber, culmina a curiosidade infantil num *noli tangere matrem* e, aos poucos, vai o sujeito deslizando sob o piedoso edredom da latência. Fantasmagórica mente.[22]

---

22) O caso do *Homem dos lobos* ilustra o campo completo das fantasmagorias. Seja lembrada a insistência de Freud em encontrar o rochedo da cena primária. O nó do caso se constitui na relação entre a ameaça de castração efetivamente proferida (por Groucha), a percepção da diferença dos sexos pelo menino (segundo sua teoria sexual, o *traseiro da frente das meninas*), e a cena primária (na qual o que está em jogo é a falta de pênis, mas na mãe).

Aparece também a fantasia de *uma criança é batida*, com uma peculiaridade: o *Homem dos lobos* quer ser batido no pênis.

A *couvade* aparece no texto (e Freud a confronta com a fantasia do duplo nascimento de Jung): o sujeito retorna com todo seu corpo — inteiro, como falo — à mãe, recebe ali satisfação do pai, e nasce de uma gravidez que lhe permite ser pai, mãe e filho ao mesmo tempo.

As articulações do caso podem ser resumidas em apenas uma fórmula: estrutura homossexual (fim passivo mais Édipo invertido) que se exprime no erotismo anal (em que se articula a série de equivalências simbólicas), com escolha de objeto heterossexual (casualmente, o *Homem dos Lobos* não é perverso), mas com uma condição erótica. MASOTTA. *O Homem dos lobos: presentes duplos, pais duplos.*

REFERÊNCIAS BIBLIOGRÁFICAS

BROWN, Norman. *El cuerpo del amor*. Buenos Aires: Sudamerica, 1972.

FREUD, Sigmund. "Tres ensayos para una teoria de la sexualidad". In *Obras Completas*. Madri: Biblioteca Nueva, 1970.

_____. "Teorias sexuales infantiles". In *Obras Completas*. Madri: Biblioteca Nueva, 1970.

_____. "La creación poética y la fantasia". In *Obras Completas*. Madri: Biblioteca Nueva, 1970.

_____. "La novela familiar del neurótico". In *Obras Completas*. Madri: Biblioteca Nueva, 1970.

_____. "Las fantasias histéricas y su relacion con la bissexualidad". In *Obras Completas*. Madri: Biblioteca Nueva, 1970.

_____. "Un recuerdo infantil de Leonardo da Vinci". In *Obras Completas*. Madri: Biblioteca Nueva, 1970.

_____. "Fetichismo". In *Obras Completas*. Madri: Biblioteca Nueva, 1970.

_____. "Análisis de la fobia de un niño de cinco años". In *Obras Completas*. Madri: Biblioteca Nueva, 1970.

_____. "Pegan a un niño". In *Obras Completas*. Madri: Biblioteca Nueva, 1970.

_____. "Sobre un tipo especial de elección de objeto en el hombre". In *Obras Completas*. Madri: Biblioteca Nueva, 1970.

_____. "El final del complejo de Edipo". In *Obras Completas*. Madri: Biblioteca Nueva, 1970.

_____. "Algunas consecuencias psíquicas de la diferencia sexual anatómica". In *Obras Completas*. Madri: Biblioteca Nueva, 1970.

_____. "Un recuerdo de infancia en *Poesia y verdad de Goethe*". In *Obras Completas*. Madri: Biblioteca Nueva, 1970.

_____. "Organización genital infantil". In *Obras Completas*. Madri: Biblioteca Nueva, 1970.

_____. "La cabeza de Medusa". In *Obras Completas*. Madri: Biblioteca Nueva, 1970.

_____. "Historia de una neurosis infantil". In *Obras Completas*. Madri: Biblioteca Nueva, 1970.

LACAN, Jacques. *De la estructura como inmixing del requisito de alteridad*. Biblioteca Freudiana de Rosário, 1979.

_____. "Subversión del sujeto y dialética del deseo en el inconsciente freudiano". In *Escritos I-II*. México: Siglo XXI, 1975.

_____. "La agresividad en psicoanálisis". In *Escritos I-II*. México: Siglo XXI, 1975.

_____. "El estadio del espejo como formador de la matriz del yo, tal como es revelado por la experência psicoanlítica". In *Escritos I-II*. México: Siglo XXI, 1975.

_____. "O eu na teoria de Freud e na técnica da psicanálise". In *Seminário II*. Rio de Janeiro: Jorge Zahar, 1985.

MASSOTA, Oscar. *Ensayos lacanianos*. Madri: Anagrama, 1976.

OPÇÃO FREUDIANA

A pedra basal da psicanálise é constituída pelo estudo das neuroses, sendo a histeria aquela que, despudoradamente, desafiou o saber médico de Sigmund Freud, e o obrigou a criar um novo referencial teórico. No início, a neurose foi uma denominação genérica dos finais do século passado, entendida como o padecimento incompreensível de uma pessoa normal, com um bom contato com a realidade, adequadamente adaptada, com a excepção, porém, daquele único particular. Por exemplo, sentimentos, angústias, pensamentos ou impulsos que ela sentiria, ou certos atos que realizasse, provocadores de sofrimento por serem incompatíveis com o que ela quer de si e para si. No fascínio da consciência pelo eu, ou seja, na forma narcísica de ser no mundo, entretanto, seria aquilo mesmo que não se conseguiria impedir, pelo menos de um jeito intencional. Algumas agruras eram e continuam sendo típicas: ansiedades difusas, pesadelos, medo de animais, pavor nos espaços fechados, ou talvez nos abertos, obsessões e compulsões, ritos privados, inibições múltiplas, ineficácias sexuais, inadequações sociais, empecilhos laborais, distúrbios no sono e na alimentação, penúrias e culpas de cunho religioso, et cétera, et cétera. Também podem ser perturbações orgânicas ou alterações funcionais, apesar de nem sempre obedecerem às coordenadas usuais da anatomia e da fisiologia. Estas manifestações não se produzem de maneira lógica: são limitadas e limitantes, alheias à vontade e inevitáveis, ou só podem ser esquivadas ao preço de uma angústia intolerável. Haveria, além do mais, que acrescentar aqui os transtornos do caráter e as neuroses de destino. Por último, resulta fácil perceber como aqueles que assim vão penando pela vida, distinguem claramente seus sintomas neuróticos do restante da sua personalidade.

A inferência fundamental sobre a função original do aparelho psíquico afirmaria que esta consiste em descarregar as quantidades de excitação que nele chegam, para fixá-las posteriormente. Se a operação não acontece a contento e na medida certa, as quantidades não canalizadas inundam o psiquismo sem ordem alguma. Este é o requisito para uma neurose: um descontrole de carga indesejado pelo eu, processando-se por condutos desacostumados. No caso específico das afeições traumáticas, a excitação invade o aparelho em virtude de uma magnitude de carga desproporcional à unidade de tempo. Nas psiconeuroses, o estancamento se produz porque qualquer possibilidade de escoamento resulta insignificante em virtude de uma defesa cronificada perante as pulsões.

Muito bem, a tudo isto responde o tratamento psicanalítico, por enquanto a terapêutica de maior eficácia inventada até agora para dar conta das neuroses, salvo prova contrária. Por esta e outras razões, caberia aqui uma homenagem ao início de uma epopéia que, começada sob a égide do ensaio e erro, no percurso acidentado por uma terra-de-ninguém, congratulou seu desbravador não como um bem sucedido esculápio, e sim como algo distinto, um psicanalista, sem mais nem menos. Ao longo do tempo, cem anos de prática ininterrupta permitem comemorar, hoje, como se fosse uma efeméride, a pedra de toque constituída pelos *Estudos sobre a histeria*, o singular texto que Freud e Joseph Breuer publicaram juntos, dando começo a uma das mais interessantes aventuras do espírito. Ainda mais que, na produção freudiana, a *Comunicação preliminar* deste livro tem uma peculiaridade, a de ser duplamente assinada, coisa que apenas aconteceria uma outra vez, na oportunidade da colaboração com William Bullit em 1931, e seu resultado, *O presidente Thomas Woodrow Wilson — Um estudo psicológico*, editado muito tempo depois.

Seria o caso de explicitar as linhas mestras de tal escrito, com a finalidade de continuar aprofundando aquela tarefa *unendliche* de retorno ao sentido da letra do mestre vienense, numa releitura capaz de continuar elucidando a especificidade dos construtos próprios de sua teoria, para além das ideologizações, os reducionismos e as distorções ulteriores.

O decisivo primeiro passo foi a migração do discurso da neurologia para a psicanálise. Tal transição poderia parecer contraditória, se observada nas modificações promovidas nas coordenadas do corpo, quando começou a ser concebido não apenas como organismo biológico, senão como um conjunto de zonas erógenas, quer dizer, simbólico. Isto teria acontecido por obra e graça de um olhar que, ao organizar um novo objeto de conhecimento, não permaneceu inalterado. Este olhar, representativo de toda uma época, acabou se quebrando perante a nudez originária e a radicalidade daquela concepção, imprevisível até então.

É quase um lugar-comum postular que a pesquisa freudiana foi iniciada pela abordagem de um quadro nosográfico específico, que unicamente poderia ter sido a histeria. Sim, mas por quê? Quem sabe, talvez o que chamasse a atenção fosse a descontinuidade que, para o olho clínico do médico, as pacientes evidenciavam como patologia corporal: o sem-sentido do sintoma histérico habitava um corpo que assim o permitia, mesmo a revelia, mas sem dar conta dele. Freud, como neurólogo, defrontava-se com um espaço ermo e desconcertante; ao mesmo tempo, como futuro analista, não teve mais remédio que atender e escutar as extravagâncias e lacunas que evidenciavam a impotência da subjetividade. Esta *tabula rasa* no corpo era preenchida pelo poder outorgado à instância consciente, isto é, ao psiquismo, exercendo um certo domínio sobre as funções somáticas. Houve, portanto, uma decolagem da não-racionalidade do sintoma na ordem orgânica, visando à busca de um sentido, mesmo à custa de sua incorporação num novo sistema de saber heterogêneo em relação ao anterior. Contudo, com o mesmo gesto abandonava-se o orgânico por um outro ângulo, pois não só a patogenia era situada na consciência, como também desprendia-se o sintoma do corpo, e agora a explicação resultava psicopatológica na sua totalidade. Para dizê-lo de um modo diferente, num viés metafórico: quando o psíquico ganhou a materialidade de um fato clínico, foi preciso que o sintoma adquirisse a sutileza de um signo. A insistência do sintoma e seu fundamento foram, destarte, transplantados à consciência, desdobrando-a: a normal e o seu avesso, a *dupla consciência* patogênica, ambas disputando o controle do corpo. Este deslocamento, no entanto, não afetava o critério médico, que se repetia sem modificação. Segundo a medicina do século XIX, o circuito da doença era o que levava de uma perturbação tissular a uma lesão, e daí às conseqüências nosológicas, por meio das perturbações funcionais.

Freud não permanecia alheio a este sistema de pensamento: cogitava da mesma maneira os dois registros da enfermidade — o físico e o mental —, e olhava para a consciência do mesmo jeito que observava as representações patógenas organizadas num segundo plano, disputando o domínio do corpo com a consciência normal. O sintoma corporal histérico, sem sentido para o corpo, teria sentido no psiquismo. Não obstante, perante a normalidade consciente, tampouco teria sentido, pois, para uma recordação ser patógena precisaria nunca se incorporar à corrente de representações, devendo ficar excluída do comércio associativo e da descarga; então, a recordação perniciosa acabaria sendo uma alteridade imponderável a respeito da consciência formal, ao ficar relegada na dupla consciência.

Tratava-se, evidentemente, de uma dicotomia oposicional: a do corpo frente ao sintoma, e a da consciência se degladiando com uma outra similar, na intimidade mesma do sujeito. A primeira diluía-se no próprio corpo, ao perder a presumida autonomia biológica, para atingir sua derradeira alçada significante; a segunda, em compensação, permaneceria latente até ganhar uma dimensão acurada na *Interpretação dos sonhos*, ao fazer parte da primeira tópica. Ali seria consagrada a oposição do sistema Consciência/Pré-consciente com o Inconsciente.

A dupla consciência foi definida, nesta perspectiva, como o lugar do trauma. A carga de afeto impediria as representações traumáticas de aceder à consciência normal, pois para assim acontecer, deveriam se descarregar. O motivo que determina a organização da dupla consciência seria a não aceitação das representações patogênicas por parte da consciência normal — e a razão estaria aqui determinada pelo desprazer que provocariam. Mas elas não manteriam entre si incompatibilidade nenhuma, pois nada impede que formem um sistema associativo entre elas e, deste jeito, inexistiria qualquer obstáculo para inviabilizar a formação de um sistema exclusivo e separado. A impossibilidade de descarga produzir-se-ia por duas razões: ou bem o acontecimento traumático possui um peso afetivo específico — e seria o próprio agente que assim o definiria segundo a intensidade da defesa —, ou senão apoiar-se-ia num estado psíquico especial (por Breuer chamado de *estado hipnóide*). Este último aludia a uma deficiência nas operações mentais, mas sem dar conta delas, e logo seria abandonado por Freud. Analogicamente, tal suposição teria ocupado de maneira efêmera o lugar dado em algum momento à sugestão, apenas batizando sem explicar o cerne hipotético daquela injunção terapêutica.

Todavia, o primeiro item era concernente a uma questão capital: a defesa. Deixando de lado a conjectura de um acontecimento de conteúdo em si mesmo excessivo, o *indivíduo* pretenderia esquecer e expulsaria de sua consciência aquilo que perturba; em definitivo, a defesa seria a ação por meio da qual a consciência se descarta de uma representação que manteria com ela relações de incompatibilidade. No entanto, o valor desta manobra revela uma eficácia fictícia, pois o expulsado cristaliza na estranha eternização da outra consciência desde onde subsiste com maior força ainda. O ato que produz o trauma histérico é instalado no interior do aparelho psíquico, pois este trauma, para sê-lo, requer uma operação mental. Por isso, não poderia ser o caso de procurar as motivações etiológicas como efeito de uma debilidade das funções (estado hipnóide), nem como a extralimitação dos afetos produzida por um acontecimento selvagem ou imponderável.

Agora, seria a defesa a que daria conta da dissociação da consciência, resolvendo assim uma dificuldade maior: a de que acontecimentos insignificantes, na opinião do terapeuta ou do próprio paciente, adquirissem, incontinenti, um poder catastrófico para o doente. Assim como o corpo, vazio e oco, passava a ser lido na potencialidade de uma consciência onisciente, o problema da esfera dos acontecimentos traumáticos reproduzia a necessidade do movimento explicativo, e seu impacto sobre o sujeito devia ser também justificado pela potência constitutiva de uma outra consciência, que não se confundiria com a primeira. Se a significação era outorgada pelo fato mesmo, exterior e cru que, como um corpo estranho, como um intruso, vinha desde fora e infernizava uma consciência que desfalecia ante sua presença, de imediato requeria outro lugar para a localização destes fatos. Do que se desprende, em troca, é que o trauma não poderia ser apresentado como uma pura contingência, senão que precisava ser definido numa cena peculiar, e esta exigiria, de jus, um novo arcabouço conceitual.

Assim como a histeria trouxe consigo um novo objeto, o psiquismo, visto com o mesmo olhar médico que observava o corpo, este objeto, reagindo sobre o olhar, o modificou, criando as condições que produziriam sua alteração quase total. Modificação que, obviamente, não aparece já em 1893, e sim nas obras seguintes, em particular na *Traumdeutung*. Passará assim do poder de um trauma objetivo ao movimento do desejo que encontra sua origem na pulsão, movimento desfraldado no campo do inconsciente. O desejo, originado no interior ignorado do sujeito, outorga sentido aos sintomas, na medida em que os define ao promover o compromisso da sua formação. Mas, assim como para a consciência normal lhe era alheia o trauma, posto que provinha do exterior, e era noutra exterioridade a ela que este se organizava, para a nova consciência também o desejo lhe será alheio, pois provém de um sistema interior ao que não tem acesso, na disposição de se lançar através da superfície da fantasia para procurar sua realização no mundo. Este sistema interior é o inconsciente, que vem substituir por este expediente à dupla consciência. Se esta era contingente, pois para existir requeria que se combinaram um universo hostil e uma consciência frágil — da qual era um subproduto irritante —, agora o inconsciente será necessário como portador do desejo que constitui em si o próprio ser humano, na busca eterna da satisfação almejada.

Do corpo à consciência, eis aqui a primazia do psíquico, e da consciência ao inconsciente, em seguida, como corolário. O movimento inicial é fornecido pela histeria, criando também as condições para a produção do segundo. Com o primeiro, muda-se de referencial, e com o outro altera-se o olhar que dá lugar a um novo objeto, desta vez radical no seu ineditismo: o inconsciente.

Nesta altura, longe das certezas da medicina da época, mas também deixando de lado os impasses e insuficiências da mesma, Freud teve a ousadia de firmar uma posição excêntrica, assumindo o risco de ser o único a postular daquela maneira a divisão do psiquismo. Certamente, e apesar de Charcot, de Janet, ou até mesmo do próprio Breuer, eminentes precursores na decifração do enigma da histeria, foi sua aposta a formulação daquilo que, para além da hipótese etiológica sobre tal doença, apontava, entretanto, para uma teoria geral. Daí que o inconsciente, definido desde um sistema de pensamento *ad hoc*, a metapsicologia, acabou se constituindo como um princípio incontestável. Isto posto, a solidez deste conceito fundamental fixou um novo paradigma que provocou, drástica e inevitavelmente, um autêntico corte epistemológico.

Em relação a este último particular, poderia se pensar e argumentar que tão-só desde a redação do capítulo VII da *Interpretação dos sonhos* que o modelo ficou pronto e acabado. Ou ainda, que o corte epistêmico só teria validez não apenas como uma construção abstrata ou metafísica, senão como uma realidade clínica, capaz de produzir a cura. Nesta perspectiva, alguns autores afirmam que unicamente depois do tratamento de Elisabeth von R., e da associação livre, por ela propiciada e inaugurada, que a psicanálise teria sido, de fato e de direito, provada e aprovada.

Em todos os casos, mesmo assim, os *Estudos sobre a histeria* restam como um ponto de não-retorno, visto que sua orientação, uma vez balizada, nunca mais deu lugar a retrocessos ou recuos, tanto no aspecto conceitual como no plano técnico do pragmatismo eficiente. Perante a inoperância médica, a proposta de uma nova modalidade de tratamento. No tocante às idéias e concepções da mente, um passo à frente da psicologia da época. Em relação à filosofia ocidental e cristã, derivada do *cogito*, uma tomada de atitude oposta e subversiva. Por último, *last but not least*, uma torção topológica na representação do homem do século XX, ejetado para sempre de um centramento imaginário como medida de todas as coisas, e reduzido agora extemporaneamente à essência do seu aparelho psíquico, segmentado e sobredeterminado.

A decisão de Freud foi continuar, a partir daqui, numa carreira solo. No final das contas, a densidade da transferência com Breuer desde o relato do tratamento de Berta Pappenheim arrefeceu perante a inconsistência dos estados hipnóides. Desvincular-se de um parceiro desnecessário talvez tenha sido uma escolha forçada, como único caminho plausível na trilha do inaudito. De todo modo, sob qualquer circunstância e sem dúvidas, uma verdadeira opção desiderativa: clínica, intelectual e revolucionária.

REFERÊNCIAS BIBLIOGRÁFICAS

FREUD, Sigmund e BREUER, Joseph. "Estudios sobre la histeria". In *Obras Completas*. Madri: Biblioteca Nueva, 1970.

LOPEZ GUERRERO, Arturo. Freud 1893. In *Revista de la Asociación de Psicólogos de Buenos Aires*. Buenos Aires.

MANNONI, Oscar. *Freud — El descubrimiento del inconsciente*. Buenos Aires: Galerna, 1970.

———. *Lecturas de psicoanálisis — Freud-Lacan*. Buenos Aires: Paidós, 1992.

RIBEIRO DA SILVA, Antonio Franco. *O desejo de Freud*. São Paulo: Iluminuras, 1994.

A RAIZ DA PALAVRA

No princípio foi o grito, e a carne se fez verbo quando pediu arrego. Para começo de conversa, um bom entendedor não faria ouvidos moucos ao discurso do Outro. Basta meia palavra: lavra. Seria sulco, ou talvez larva? Falando em línguas, Babel era uma festa, um falatório, uma falácia, uma falência que nenhum esperanto poderia vir a calhar, mesmo a calar. Calão? Não dá para bem-dizer o mal-entendido, quando o equívoco é a alma do negócio. O inconsciente, arquitetado como uma linguagem, tagarela até pelos cotovelos, daí a dor dos ditos cujos.

Res, non verba: as vacas não falam, e as rosas também não, apesar de Guimarães. Quem sabe Cartola? Tira-se um Coelho do diário de um mágico, bota-se um ovo na boca do povo e, abracadabra, felizes páscoas! Pasqualino sete belezas, setenta vezes sete se tenta quem quiser, pois o desejo mete o bedelho, nas entrelinhas e na maciota. No interdito radical desta verdade, proferida sem todas as letras, ainda que pinte o sete ou plante bananeira, o vocábulo é a morte da coisa, matando a cobra e metaforizando o pau. Falo porque qui-lo, como afirmava aquele vulto histórico que saiu do quadro, mas nunca renunciou ao vernáculo.

Bom, agora seriamente, sussurrando em altos brados um bem-conhecido ditado popular: sendo o silêncio de ouro, a palavra é prata pura. Garimpa, assim, quem escuta, mas o falante é ourives...

Laksanalaksana

Quatro décadas atrás, em Roma, o discurso de Lacan, talvez por causa de Lévi-Strauss, era permeado por referências a culturas exóticas, longínquas e misteriosas. Em *Função e campo da palavra*, além de hieróglifos egípcios, ideogramas orientais e *rebus* medievais, são citados *do kamo*, *kowa* mânticos da China, o véu de *Maya*, ditados sirongas ("*um parente por aliança é como a coxa de um elefante*"), a tradição hindu do *dhvani*, o *bundling* céltico, o *zen-budismo*, os *Upanishads*, et cétera e tal.

Numa aldeia sobre o Ganges, a arte declamatória indiana ilustrava as ressonâncias da linguagem: *laksanalaksana*. Este termo sânscrito quer dizer, ao mesmo tempo, *traço, signo, sintoma, definição, designação, nome, significação secundária, marca no corpo*, e *órgão da virilidade*.[1] Tratava-se, de forma explícita nas margens de um rio sagrado, do conluio semântico entre o significante e o falo. Belo exemplo pinçado pela sagacidade lacaniana, capaz de iluminar o inconsciente freudiano, desde sempre e para sempre intrínseco à linguagem.

Extrínseco, no entanto, à sexualidade...

Nos dias de hoje, uma notícia no jornal[2] informa sobre o desvendamento de um dos enigmas mais curiosos da contemporaneidade: as escrituras nas pedras milenares da ilha de Páscoa. Extintos no século XVIII, seus habitantes levaram consigo o segredo para o outro mundo. Só restaram aqueles monolitos hieráticos, que encaram o infinito com olhares perdidos, e que agora deixaram de ser mudos, entregando a chave do criptograma a um cientista competente, versão pós-moderna e informatizada de Champoillon.

Com relativo espanto, foi comprovado que todas e cada uma das inscrições pictóricas do léxico *pasquense* tinha um sufixo, o mesmo apesar de modalizado de maneiras diferentes, que poderia ser descrito como *um pênis em ereção*.

Do mesmo jeito que nas pinturas rupestres da caverna de Lascaux,

---

1) WILDEN. *The language of the self.*
2) *Folha de S. Paulo*, 7 jul. 1996.

analisadas por Georges Bataille,[3] encontramos o falo, mais uma vez em absoluta literalidade, dando sua *ratio* à significação, eternamente sexual, da linguagem humana.

Tantos anos depois do discurso de Roma, enveredar pelo terreno das relações entre a linguagem e o inconsciente é como ficar transitando por uma estrada conhecida de supostos estabelecidos e bem aceitos, quase lugares-comuns. Aquilo que, num primeiro momento, podia ser um enlace insuspeito porque original, com o passar do tempo tornou-se uma referência obrigatória. Mas isto é sempre assim no campo do desenvolvimento das idéias, no domínio do "progresso" científico, em que cada descoberta, ou nova aquisição, por mais impensada que possa ser de início, pouco depois se acrescenta ao inquestionável patrimônio do óbvio ululante. É justificada, então, uma certa prudência no manejo da noção de evolução, ainda mais quando este termo poderia conotar algum tipo de valoração axiológica.

Sem dúvida, progresso não quer dizer avanço e muito menos melhoramento; no melhor dos casos, seria um permanente movimento ou transformação do que se denomina, de maneira vaga, a saga do pensamento. Quando não está em jogo uma continuidade linear, às vezes fala-se em revolução, aludindo a algo assim como uma precipitação, um corte, uma descontinuidade, no momento em que os vínculos entre os humanos com aquilo que, em cada período histórico, é considerado como *realidade* — em particular, as representações que cada sujeito faz da relação consigo mesmo —, sofrem alguma vacilação, ou entram em crise. Estas irrupções costumam assinalar um tempo de passagem. *Apud* Lacan, a elaboração freudiana pode ser considerada um momento privilegiado desta travessia.

Em repetidas ocasiões já foi dito que a revolução de Copérnico nunca teria sido copemiciana: o translado do centro universal da Terra ao Sol não faria outra coisa senão apenas deslocar a idéia de

---
3) BATAILLE. *Breve historia del erotismo.*

um centro, para melhor conservá-la. Por analogia, haveria de perguntar se a revolução de Freud seria verdadeiramente freudiana. Em especial, depois de tanta disseminação e vulgarização, quando a captação intuitiva do inconsciente, de acordo com muitas das teorizações que sobre ele são feitas, tende a identificá-lo no sentido de uma motivação, ainda que desconhecida, da pessoa. E o eu da consciência, sem nunca ter perdido suas regalias imaginárias, parece recuperá-las em dobro, à maneira de um Dr. Jekill e um Mr. Hyde, na consolidação de uma *outra cena* que recebe as atribuições, em negativo, de todas as propriedades egóicas. No extremo da distorção, o próprio eu se desdobra, ao diferenciar, perante o olhar esperto de alguns analistas sedentos de realismo, uma parte sadia e uma outra doente, afetada pela potência demoníaca do inconsciente.

É neste contexto que deve ser recolocado o alcance das ilações entre o *Unbewusste* e a linguagem. A fórmula de Lacan: *O inconsciente está estruturado como uma linguagem*, constitui o ponto de Arquimedes, o sólido apoio a partir do qual seria viável, com firmeza, definir o campo da experiência analítica e os termos com que Freud forjou a prática por ele pontificada. Para evitar qualquer recaída nas *obscuras divindades da noite*,[4] pode ser afirmado que, só por obra e graça do conceito de sujeito, a psicanálise consolidou seu caráter copernicial propriamente dito.

Para isso ser possível, era preciso que se incorporasse uma reflexão sobre a linguagem, inexistente como tal na obra freudiana, mas disponível a partir do *Curso de lingüística geral* de Ferdinand de Saussure. Quarenta anos já se passaram, e tudo indica que o uso psicanalítico do significante, como dimensão capaz de dar conta da sina do sujeito, faz agora parte integral da teoria. No entanto, não seria sem delongas que esta contribuição foi aceita. O espírito saussuriano acabou subvertido na leitura de Lacan que, apesar de inspirar-se nele, conseguiu ir um pouco além na extensão das suas premissas. Inclusive, arrolando outros autores, como Roman Jakobson, foi necessário um dia, por volta do início dos anos 70,

---

4) LACAN. *Les quatre concepts fondamentaux de la psychanalyse*.

declarar que "... *por ser a linguagem a condição do inconsciente, (...) o inconsciente é a condição da lingüística*".[5]

Entretanto, é justo neste ponto que todo cuidado é pouco para se evitar o descaminho, bastante freqüente outrora, de conceber o inconsciente apenas pelo prisma da materialidade da língua, do jeito como costuma ser abordada pela lingüística, ou seja, num plano único, estritamente formal.

Sem dúvida, a linguagem é a matéria-prima. Todavia, nem tudo é simbolizável, nem tudo é simbolizado. E nada, em absoluto, é metafísico. Ou, em outras palavras, as de Freud, "*a realidade do inconsciente é sempre sexual (...)*". E há algo ali, isso, que insiste, resiste, e nunca desiste. A partir de um certo momento da sua epopéia teórica, Lacan teve que se ocupar daquilo que apontava o aquém da significação, para além da cadeia significante. Consta como o destaque do que não pode ser negligenciado da concretude da pulsão, cumprindo a propriedade de disparar a libido. Decididamente fora do sentido, foi conceitualizado como *objeto a*, e definido como entidade não especularizável. Assim, siderado do lugar do código, o Outro fica incompleto em função da sua heterogeneidade.

Se um sujeito é *o que um significante representa para outro significante*, esta operação arrasta sempre um lastro não representável. Assim, de fato, o que o significante mediatiza é uma insuficiência, superada mais tarde pela interpretação. A série das repetições, ao ser destrinchada, permite inferir o que as condiciona — a função do resto —, para deduzir a lógica do desejo, e construir o seu circuito. Há sempre um conteúdo manifesto em jogo, mas ele só interessa no entanto como elaboração secundária, ou formação reativa.

Isto posto, para ser coerente com o pensamento lacaniano — neste particular, merecendo a alcunha de *linguisteria* —, haveria de situar, como um tripé, a ação autônoma do significante, o conforto egosintônico do significado, quando aceito de comum acordo entre os falantes, mais o peso inexorável do referente perdido. Por este viés, seria cabível que uma carência real, velada de um jeito imaginário, fosse inscrita simbolicamente como uma falta. Como

---
5) LACAN. *Radiophonie*.

conseqüência, porém, ficaria o simbólico à mercê da polissemia; o imaginário permeado pela certeza; e o real como lembrete da impossibilidade, limite de qualquer decifração.

Desvincular o real da natureza, e categorizá-lo numa nova perspectiva, foi um momento-chave da empreitada lacaniana, resultando numa distância entre o real e o significante que pertence a uma ordem completamente diferente da clássica relação natureza-símbolo. Na medida em que o significante nunca se apresenta puro, senão com respingos do real e aderências capturadas no fantasma, por exemplo, a língua não pode ser reduzida a apenas uma forma abstrata, antes persistindo como materialidade em todos os seus acidentes. Daí que nenhuma lingüística tenha muito o que dizer sobre o objeto *a*.

Lacan expressou, em repetidas oportunidades, a sua intenção de *animar a estrutura*. O que isto queria dizer? Nada mais, mas também nada menos que uma tarefa sistemática de descompletação da mesma, para melhor assinalar o que dela ficaria excluído. O estruturalismo já insistia neste ponto, mas então a novidade foi a exigência de dar conta do improvável desde um lugar *êxtimo*. Isto tornou exeqüível uma topologia cuja especificidade era demonstrar como, ao mesmo tempo, tal lugar seria improvável, sem por isso deixar de ser consistente. Neste caso específico, o poder heurístico do modelo coube a um nó, batizado de *borromeano*, em que o real, excêntrico, podia, simultaneamente, ser amarrado ao simbólico e ao imaginário.

Com ele, Lacan tentou dar a imagem daquela *coisa* que os estruturalistas preferiam desconhecer. Inexistente na natureza, este nó constitui a intuição daquilo que deve ser simbolizado, ou seja, um buraco. Um furo que, mesmo aparentando interioridade à estrutura, deveria ser exterior a ela.

Por sua causa, vigora o equívoco, e tudo o que faz com que a língua sirva ao mal-entendido e não à comunicação, é o que acaba forjando um sedimento incompreensível que sobra de qualquer locução. Isto recebeu o nome de *lalangue*, aludindo aos tropeços e inconstâncias da significação que, embora irrepresentáveis, voltam sempre ao mesmo lugar, e impedem a equalização de um universo de discurso. Sendo *lalangue* informal na sua essência, escapa de ser assimilada pelo pensamento tradicional que, historicamente, teve como paradigma referencial o algoritmo saussureano.

Tudo isto, bem entendido, para falar de sexo...

Como conclusão incompleta, mais uma notícia de jornal, para que um exemplo possa servir como um *witz* cujo duplo sentido demonstra segundas intenções. Em 22 de setembro de 1996, a *Folha de S. Paulo* trouxe conforto e esperança às almas atormentadas. Direto de Pequim, o correspondente informou da fama e fortuna de um médico que teria descoberto uma cirurgia eficaz no aumento do tamanho do órgão sexual masculino. Um pênis desavantajado poderia, com esta técnica, crescer até 6 cm. Aleluia!

Capaz de tudo, o Dr. Daochou merece louros e dólares, talvez o prêmio Nobel. E, ao ficarmos sabendo, na mesma matéria, que o seu primeiro nome é *Long*, constatamos, mais uma vez, quão misteriosos são os caminhos do significante!

REFERÊNCIAS BIBLIOGRÁFICAS
BATAILLE, Georges. *Breve histotia del erotismo*. Buenos Aires: Caldém, 1976.
LACAN, Jacques. "Fonction er champ de la parole et du language en psychanalyse". In *Écrits*. Paris: Seuil, 1966.
_____. "Os quatro conceitos fundamentais da psicanálise". In *Seminário XI*. Rio de Janeiro: Zahar Editores, 1979.
_____. *Radiophonie*. Scilicet 2/3. Paris: 1970.
WILDEN, Anthony. *The language of the self*. Baltimore: John Hopkins, 1966.

CONSEQÜÊNCIAS CLÍNICAS

AQUÉM DO PRINCÍPIO DO PRAZER

Muitos acham que antes foi o verbo, enquanto outros acreditam que no início foi a ação. Ato sexual criador de vida, e o verbo *copular*, gerador do ser. O conhecimento impossível do que teria sido a cena primária produz, por compensação e em excesso, o saber. Sabedoria da *outra cena*, cuja estrutura acata a lógica da linguagem sem no entanto, poder dizer tudo. Por isso, o sentido se desfralda como um paliativo imaginário, da forma que o ego encontra para forjar a realidade comum.

Ao contrário de Paulo Coelho, Lacan pensava que aquilo que na Antigüidade era chamado de iniciação, entendida como uma ciência empírica do gozo, estaria para sempre fora do alcance, profundamente perdidos os segredos do corpo. Freud, por sua vez, apesar de afirmar que a psicanálise era filha da indigência da medicina, esperava, num futuro por vir, que a biologia desse a última palavra que poderia elucidar o mistério da libido.

Hoje, nas fronteiras em expansão do que é possível atingir, a tecnologia mais avançada alarga o horizonte de uma visão positivista, e o espírito científico revela sua consistência cifrando e decifrando as leis do mundo material. Contudo, no que concerne ao desejo, isto é, ao tesão, o saber racional não ultrapassa o limite do prosaico.

Partindo de um óvulo e de um espermatozóide, chega-se à inseminação artificial, mas não se consegue destrinchar o enigma que, alguma vez, o nome de Signorelli colocara em jogo. A sexualidade e a morte continuam resistindo a qualquer formalização.

O discurso da biologia, convocado para explicar o prazer e o além do seu princípio, se organiza como teoria a partir dos fatos constatados, atrelando o campo das especulações à comprovação das suas premissas. Na repetição da experiência que confirma a hipótese, fica como saldo favorável, ainda que parcial, algo que é da ordem da certeza. Entretanto, o que se articula pelo processo primário costuma desafiar a compreensão e o cálculo, impedindo fechamentos epistemológicos. Pode acontecer que, para se evitar a metafísica, se procurem soluções concretas para problemas que nada teriam de abstratos. Vou me referir agora a uma questão que, atualmente, constitui um ponto de convergência, embora conflitante, entre a psicanálise, a medicina e a biologia. Nos últimos tempos, a terminologia *síndrome do pânico* deixou de ser exclusiva do jargão dos especialistas para rapidamente se disseminar no cotidiano das grandes cidades. Com este rótulo, várias manifestações clínicas são agrupadas numa entidade só, definida desde uma perspectiva somático-funcional, e tratada com os recursos da farmacopéia. Indiscriminados, a inibição, o sintoma e a angústia fariam parte de uma mesma doença oficializada pelo diagnóstico, prevista pelo prognóstico e domesticada por uma receita.

Difundida como uma boa nova pelos meios de comunicação de massas, esta denominação científica se presta adequadamente para fazer esquecer a insistência do inconsciente e suas implicações. Nesta época, é corriqueira a identificação espontânea das pessoas com tal designação, fornecida em grande escala pelos oráculos competentes. Não é difícil perceber os benefícios que isto traz: por um lado, a eficácia pragmática das substâncias que amenizam os efeitos permite não levar em consideração suas causas; por outro, esta maneira *objetiva* de batizar a infelicidade faz com que o sujeito se desresponsabilize pelo seu desejo, exatamente ali onde entra em curto-circuito.

"*Existem pessoas que nunca teriam se apaixonado se não tivessem ouvido falar do amor*", dizia Lacan, citando La Rochefoucauld. Outras, fazendo do pânico um signo, se alienam no discurso do Outro, demandando um comprimido que elimine a dor de existir. E como a oferta não falta, nada seria irremediável. O remédio cai como uma luva para uma mão estendida, e para uma boca que prefere engolir para não ter que falar...

Fazendo um pouco de história, podemos lembrar como o próprio Freud, nos primórdios da sua prática, também pensou que um produto de laboratório poderia curar todos os males. O fracasso com a cocaína mostrou, entre outras coisas, que não seria pela via de um agente externo que certas questões acabariam sendo resolvidas. A impotência da medicina ficou evidente ali onde não foi viável uma panacéia para garantir a saúde. Mais tarde, com a invenção da psicanálise, um novo laço social foi proposto para deixar que o sofrimento tome a palavra, para revelar seus impasses e proferir sua verdade.

A clínica psicanalítica encontra aqui a sua razão de ser, na verbalização dos significantes que dão conta dos meandros do desejo, na escuta do que vai além do manifesto e da sensatez, na interpretação da insuficiência de um querer consciente e cordato sobre tudo aquilo que divide o psiquismo e coloca em xeque o bem-estar. O pânico advém quando não se sabe

que não se quer saber
que não se pode saber
que não há saber
sobre o sexo e seus imprevisíveis efeitos colaterais.

A interdição do gozo prova como, no ato de dizer, o sujeito atinge sua máxima expressão: tagarela e biologicamente efêmero, ser-para-a-morte, mesmo quando o inferno são os outros, seu poderia ser o céu, não fosse a ignorância dos destinos da pulsão.

Ontem

Muitos anos atrás, coisas incríveis aconteciam... Doravante, um século após, temos notícias delas. Não apenas pelos inúmeros livros já escritos sobre aquela época áurea da medicina, nem sequer pelos relatos dos que testemunharam os eventos do passado. Acontece que uma imagem diz mais do que dez mil palavras, e uma foto — ou melhor, um *daguèrrotipo* — acabou sendo uma prova insofismável a transcender o esquecimento.

Tal circunstância pode ser assim descrita: num anfiteatro, o público, atônito, observa um casal que é o foco das atenções. Um homem e uma mulher ocupam o centro do palco: ele, altivo, imponente, sereno e dono de si, dominando a cena; ela, crispada numa contorção quase impossível, se abandonando no braço dele, que a segura com firmeza mas sem nenhuma paixão. A foto é histórica, foi tirada na França, exatamente em Paris, na Salpetrière, nos idos de 1885. O nome dele, bem conhecido naqueles tempos, e nas décadas posteriores: Dr. J.M. Charcot. Ela, entretanto, permaneceu anônima, sem patronímico, e apenas o retrato da sua silhueta restou como única lembrança da sua passagem por este mundo.

Tratava-se do seguinte: nas décadas finais do século XIX, quando a histeria ainda era a pedra no sapato das artes médicas, havia um eminente doutor francês que parecia apto para destrinchar a sua etiologia. Das observações clínicas, inferia conjecturas neurológicas, indo na contra-mão da escola alemã, que preferia se basear numa teoria fisiológica consagrada para explicar os *estados mórbidos*. Era capaz, também, de criar e suprimir os sintomas falando, e era isto o que mostrava aos estudantes, residentes e plantonistas.

Há uma denominação específica para a situação da foto: aquele âmbito costuma ser chamado de *apresentação de doentes*, constituindo — então e ainda hoje — um dos pontos altos da transmissão da práxis médica. Outrossim, seria o exemplo perfeito de uma *aula magistral*.

Perante Charcot, o professor, comparecia uma pessoa, provavelmente internada na instituição, para ter a sua doença exibida, e lida como um livro aberto. Ela nem precisava falar nada, pois era ele quem tudo dizia. Primeiro mostrava os sintomas, comentando um por um; a seguir, explicava a causa última. E ainda conseguia, com a autoridade que lhe era inerente, tanto fazê-los desaparecer, como, às vezes, até criar alguns novos, pelo força da sugestão. Quando a paciente se retirava, ele continuava falando, e os participantes, atentos e galvanizados, não perdiam palavras nem gestos.

Era óbvio e provado que ele sabia das coisas, sabia e fazia, fazia e acontecia. Sabia antes da experiência, durante e depois. Qualquer suposição apriorística de sapiência era confirmada na hora, transformando-se em saber exposto a céu aberto. Os discípulos saiam das reuniões diferentes de como tinham entrado, enriquecidos por demonstrações múltiplas: de erudição clínica, de conduta profissional, e de elegância performática. Um deles, vindo da Áustria no intuito de aprender com ele, assim registrou as sua impressões: "... *Charcot, um dos maiores médicos, talvez o mais grande, cujo bom senso atinge a genialidade, está simplesmente estragando as minhas opiniões e propósitos. Tem vezes que saio das suas aulas como quem sai da Notre-Dame, com uma idéia nova sobre a perfeição...*". Não consta, entretanto, que o jovem Freud — pois foi ele quem escreveu estas linhas para Martha Bernays, sua futura esposa — estivesse presente no dia em que aquela fotografia foi tirada.

Mais tarde, no *Charcot*, na *Autobiografia*, e na *História do movimento psicanalítico*, acrescentaria alguns comentários paralelos. O mais importante refere-se à ocasião em que Charcot, saindo do local depois de uma das suas funções, teria dito, refirindo-se à causalidade das perturbações da histérica que apresentara: *Mais dans des ces cas pareils, c'est toujours la chose génitale, toujours...* Este desabafo, talvez uma confissão, foi escutado por Freud de uma maneira paradoxalmente inaudita. Se assim fosse, por que não dizer isto, em alto e bom tom, na sala de aula? Ou certas coisas só poderiam ser ditas nos corredores, *off the record*? Mesmo de qualquer jeito, pública ou reservadamente, por que não tirava nenhuma conclusão daquela asseveração?

Bem, a invenção da psicanálise não foi alheia a este episódio. Para ir além do plano apenas anedótico, seria possível teorizar o acontecimento segundo um referencial adequado, embora formulado muito depois. No caso, caindo como uma luva, os *quatro discursos* de Jacques Lacan.

Em primeiro lugar, tudo decorre do discurso do mestre. Dizer impositivo, com valor verossímil por obra e graça da alçada do seu emissor, tendo, nesta ocasião, uma personificação concreta para o seu agente: Charcot, ali posicionado como aquele de quem se espera um saber, que não se furta de mostrar que possui tal saber, e ainda por cima, fazendo ostentação do que, de fato, parece dispor, pela idoneidade da sua experiência e integridade. Não por acaso, naquela e em outras fotos datadas, sua figura faz lembrar, imediatamente, a de Napoleão Bonaparte.

Muito poderia ser dito sobre o discurso do mestre, ou do amo, ou do senhor, ou do poder. Bastante foi o que o próprio Lacan disse. Aqui, neste contexto, fazendo um uso analógico e até paródico do conceito, podemos insistir na sua imaginarização. Sem dúvida, a cena toda é teatral e histriônica. O grande homem, ali presente, um ser ideal e onisapiente ao vivo, o único com voz e vontade; ao seu lado, a coadjuvante, reduzida a uma condição objetal, na passividade de uma sobredeterminação ferrenha, tanto interna quanto externa.

Um homem e uma mulher, encenando a tragicomédia dos sexos em conflito? Sim, também, e mais do que isso. Ela se faz representar pelos seus sintomas, e seu soma diz tudo o que a sua fala cala. Nada sabe do que acontece consigo, nem o porquê do seu sofrimento ou da sua fruição. Uma dupla divisão a faz padecer: o domínio do seu corpo pertence à sua psique e, desde a intimidade desta última, uma instância éxtima comanda o seu destino. (Ainda falta um longo trecho para que o inconsciente seja o nome daquele lugar; por enquanto, é suficiente se falar numa *segunda consciência*.)

Ela seria uma histérica? Com certeza, pois não, por que não? No final das contas, que diagnóstico poderia ser atribuido a quem se sacrifica — por inteiro — pelo desejo do Outro, ao mesmo tempo demandando dele uma definição sobre si que ela própria não dispõe e, para completar, tão dócil ao seu imperativo de gozo? Um discurso específico pode ser deduzido desde esta posição subjetiva que, em função da ignorância que tomou conta da intencionalidade, faz da transferência uma alienação necessária.

No anfiteatro, a platéia não perde detalhes do desempenho dos atores principais, sem perceber que todos eles — na qualidade de espectadores — justificam o espetáculo, na medida em que fazem parte dele. É para eles que o mestre oferece a sua potência, a partir da matéria-prima da histeria, na produção de um conhecimento que, em seguida, será referendado e codificado de forma oficial. O hospital vira escola, numa exposição de sabedoria explícita. Este funcionamento universitário deve o seu prestígio à eficácia com que processa as contingências da realidade, e elabora as leis que as regeriam, legitimando as conclusões que tira à luz das premissas que aceita, e disseminando o resultado final sob a égide da ciência.

No entanto, nem tudo o que o mestre sabe ele admite, nem tudo o que a histérica desconhece inexiste, nem tudo o que a universidade pretende incluir é aceito sem reservas. Quando uma escuta distinta faz ecoar algo que altera o que foi falado, se aquele dizer revela um sentido impensado, pode-se considerar que um novo discurso está em andamento, ainda em germe, mas já presente. Todavia, quando o que aparece nas entrelinhas foi dito à boca pequena, sem querer arcar com as consequências de uma verdade, e ainda, quando o que em definitivo estaria em pauta é da ordem da sexualidade, não há mais remédio que abrir as portas para a psicanálise...

Hoje

Perto do ano 2000, seria possível, e deveria ser feito, um recenseamento das incidências do discurso analítico no mundo atual. Entretanto, limitemos estas reflexões àquilo que Freud chamara de *resistências à psicanálise* e que, parafraseando Lacan, pode ser comentado como *a abertura e o fechamento do inconsciente* neste momento histórico.

Para além da difusão, assimilação, incorporação ou metabolização da psicanálise na cultura ocidental, nesta época pós-moderna parece haver uma marcada tendência à superação — ou melhor, à erradicação — das mazelas da descoberta do inconsciente, sejam estas clínicas ou até teóricas. Apesar de as razões serem múltiplas e diversas, continuando com a perspectiva invocada *ut supra*, pode-se definir com exatidão um dos epicentros resistenciais, propiciador de antagonismos à prática analítica. Antes, porém, para aperfeiçoar o instrumental crítico, talvez fosse o caso de acrescentar, aos já mencionados discursos clássicos — do *mestre*, da *histeria*, *universitário* e *analítico* — duas outras articulações pertinentes.

A primeira delas refere-se ao *discurso capitalista*, assim

denominado por Lacan em pessoa, mesmo sem tê-lo definido tão exaustivamente quanto os outros quatro. Sua utilidade óbvia seria a de focar as relações geradas pelo sistema de produção capitalista a partir das suas decorrências, ou seja, pelo valor sintomático do fetichismo das mercadorias, e a quantificação dos gozos como efeito da acumulação da mais-valia. Até certo ponto, corresponde à idéia de que haveria um discurso dominante no estágio contemporâneo da civilização, e ele seria a seqüela da evolução do capitalismo rumo à globalização total do mercado.

Non solum, sed etiam: também vale a pena recuperar a contribuição de Marilena Chauí sobre o *discurso competente*, aquele sempre correlacionado de maneira apropriada com o instituído, seja pela voz do especialista — que melhor do que ninguém saberia sobre o *métier* em questão —, seja porque os saberes, valores e interesses em jogo, não por acaso ideologicamente determinados, coincidem com os investimentos da autoridade estabelecida.

Para ir direto ao assunto, talvez nem tão recente, embora moderado na época freudiana, vemos como, nos tempos que correm, é cada vez mais freqüente a tentativa de se tratar toda e qualquer perturbação psíquica na base de tratamentos medicamentosos. O fenômeno tem diversas facetas: por um lado, a inegável vitalidade da pesquisa científica incorpora novos dados quase que diariamente, contribuindo para o alargamento dos horizontes do connhecimento humano. Estes avanços, positivos em si, são saudados como grandes progressos, de imediato permitindo aplicações pragmáticas. Assim, com as possibilidades da tecnologia mais apuradas, ao mesmo tempo que se consegue mapear, como nunca antes, os alcances do sistema nervoso central, comemora-se a *década do cérebro*, território por fim desbravado e, portanto, plausível de ser administrado. Agora, as descobertas parecem infindáveis, isto é, diretamente proporcionais às obscuridades prévias. Os achados são divulgados com enorme rapidez, nas publicações específicas, mas também nos órgãos massivos de informação.

O discurso competente da etapa superior do capitalismo, conjugando a imposição do mestre com a certeza empírica do especialista se concretiza, às claras, nas substâncias que — estudadas e sintetizadas no laboratório, e depois colocadas à venda —, transformam alguns medicamentos em panacéias, e também em cobiçados objetos de consumo.

Na quarta-feira, 18 de fevereiro de 1998, o *Estado de S. Paulo* reproduz uma notícia do seu congênere *The New York Times*, com o título *Muda estratégia de venda de antidepressivo*: Nova York — *Lançando mão de uma tática impensável há poucos anos, a indústria farmacêutica norte-americana está aumentando os anúncios de drogas para tratamento mental voltados diretamente aos consumidores. Até agora, esse tipo de anúncio de antidepressivos se restringia às revistas médicas. A partir do ano passado, eles começaram a ser veiculados em revistas de interesse geral. E diversos laboratórios passaram a promover drogas psicoterapêuticas por meio da* Internet *e por mala direta. Laboratórios afirmam que anúncios e outras táticas de venda direta fornecem informação que ajuda os pacientes a superar seus problemas. Porta-vozes da indústria argumentam que os pacientes estão protegidos, porque apenas um médico pode prescrever os produtos.*

(...) Num exemplo considerado agressivo dessa tática de aproximação com o paciente, o laboratório Eli Lilly & Co. anunciou que ofereceria bolsas de estudo a pacientes esquizofrênicos que tomassem sua nova droga antipsicótica Zyprexa. *De acordo com o laboratório, dessa forma os pacientes estariam sendo preparados para levar uma vida normal. Mas críticos afirmam que esse tipo de* marketing *poderia estimular os pacientes a arriscar sofrer os efeitos colaterais resultantes da mudança de medicação, além de aumentar expectativas irreais, pois poucos esquizofrênicos conseguem obter uma formação educacional.*

Quando se chega neste ponto, são muitas as questões que deveriam ser discutidas. A primeira delas concerne à alçada da epistemologia, e poderia ser assim formulada: existe coincidência entre cérebro e sujeito? Sabe-se que não há um sem o outro; mas, para não cair em abstrações de nenhum tipo, se for considerado que a dimensão do sujeito seria independente do real do seu organismo, tampouco seria o caso de assimilar a subjetividade com o desempenho da matéria cinzenta. Em termos teóricos, e antes de mais nada, seria necessário ter esclarecido as diferenças e especificidades de conceitos que, mesmo provenientes de saberes e disciplinas autônomas — a neurobiologia, a psiquiatria, a psicanálise, a psicologia, etc. —, se prestam a equívocos, distorções e interpretações desencontradas. Nada mais pernicioso, por exemplo, que trocar a libido pela serotonina, achar que os neurotransmissores explicam o desejo, ou que a dopamina pode esclarecer o além do princípio do prazer. Em outras palavras, é um erro crasso confundir cérebro com mente, com aparelho psíquico, ou com inconsciente.

Em segundo lugar, e apesar do que poderia ser uma discussão de cunho acadêmico, não se pode desconhecer que se trata de um tipo de saber que se fundamenta num poder, seja ideológico ou econômico, provavelmente ambos. Por isso, quando a competência, mesmo que em princípio bem fundamentada, deixa transparecer um viés totalitário, exige um posicionamento firme de questionamento e denúncia.

É evidente que existem substâncias que alteram o funcionamento neuronal, para bem ou para mal. Aliás, neste particular, o mundo parece estar à mercê de dois tipos de drogas, as ilegais e as permitidas; estas últimas, até preconizadas. Sempre haverá quem diga qual é qual, ainda fazendo a propaganda de algumas a favor, e de outras, contra.

Entretanto, também não poderiam passar despercebidos os efeitos da divulgação e da publicidade. Como qualquer produto colocado à venda, os remédios são sempre apresentados como os melhores, os mais eficazes, a solução mais moderna para os problemas mais antigos. E aqui cabem duas objeções: sem desmerecer os fatos que tornam a convivência nas grandes cidades uma dificuldade cotidiana, com a perda das certezas, da segurança, e do sentido da existência que carateriza o momento presente, nunca antes existiu um contingente tão grande de gente atacada por angústias insuportáveis como agora. Muito mais desde que o diagnóstico de *síndrome do pânico* virou quase um lugar-comum, caindo na boca do povo graças aos meios de difusão. Ainda mais, quando o que se divulga tem vários dados convergentes: 1) o discurso científico sabe do que se trata, pois a neuro-anatomia está deixando de ser um mistério; 2) a tecnologia agora é capaz de fabricar a substância adequada para agir no lugar da causa, e assim eliminar os efeitos; 3) as boas novas n. 1, e a n. 2 são reveladas à população para que, junto com a denominação da *doença*, fique conhecido o rótulo da medicação. Moral da história: ninguém mais será responsável pelos seus temores, desde que a culpa possa ser atribuída aos neurotransmissores. Ninguém precisa saber que no fundo do medo está a liberdade, ou que onde tem angústia tem desejo. O medicamento eficaz, disponível em qualquer farmácia graças ao álibi da receita médica, absolve quem padece mas compra o produto. Alguém sofre, alguém consome, alguém goza... Os médicos, sejam eles psiquiatras ou clínicos, fazem o melhor que podem, e não devem ser acusados de má fé. Seriam apenas ingênuos, pois eles são os primeiros em acreditar na propaganda das revistas que chegam gratuitamente nos seus consultórios, na lábia dos visitadores, nas amostras grátis e nos brindes dos laboratórios.

Amanhã

Quem poderia profetizar o futuro da psicanálise? Desde que ela foi instrumentada, nunca deixaram de acontecer reações e tentativas de eliminar tudo o que ela traz de inquietante, por colocar o desejo em causa, e não fazer vista grossa diante dos os paradoxos do gozo, a covardia da neurose, ou o conformismo com uma vida competentemente alienada.

Nunca faltaram nem faltarão campanhas para suturar a divisão do sujeito, sanificar o inconsciente, ou tornar o desejo política e pateticamente correto. A vida é difícil para todos, e cada vez mais. Nem sequer haverá trabalho garantido para qualquer um num futuro próximo. Se, por enquanto, ainda as pessoas escondem seus sintomas na hora de uma entrevista para procurar emprego, talvez não demore muito até se chegar no contrário: só conseguirá a vaga quem disser, com todas as letras, que é usuário do *Prozac*. Este sim, será considerado um cidadão confiável, merecedor de um salário e de um tapinha nas costas.

Associação livre? Nem pensar...

REFERÊNCIAS BIBLIOGRÁFICAS
CHAUÍ, Marilena. *Cultura & democracia.* São Paulo: Moderna, 1981.
GOLDENBERG, Ricardo (org.). *Goza!* São Paulo: Ágalma, 1997.
MANNONI, Octave. *Freud — El descubrimiento del inconscxiente.* Buenos Aires: Galerna, 1970.

UMA ESTRELA CADENTE

Stella Maris nunca poderia ter imaginado de que maneira ela mesma se passaria a própria perna...

Este artigo se inicia como tantos outros, na fórmula trivializada das comunicações de casos em uso — desde sempre — no campo freudiano. No entanto, não interessa aqui a história da pessoa mencionada, mas algo circunstancial que aconteceu com ela.

Num dia qualquer, caminhando ao léu, escorregou e caiu. Ploft! Fora a surpresa e um machucado leve, nada de mais. Naquela data, horas mais tarde, na sessão de análise, contou o lance, no meio de um monte de coisas corriqueiras do seu cotidiano. O analista pediu, na mesma hora, que associasse a respeito. Ela continuou falando, recordando episódios e, aos poucos, o fato ganhou um sentido nada aleatório, bem específico para aquele momento da vida. O analista, então, foi além, interpretando o que estava em jogo por debaixo do pano do manifesto.

Esta seria, simplesmente, uma mostra de uma situação freqüente no dia-a-dia de quem quer que seja, pois ninguém, em hipótese alguma, estaria a salvo de beijar o chão, de vez em quando. Isto pode ocorrer de um jeito inesperado ou previsível, no espaço doméstico ou em lugares públicos, com conseqüências mínimas ou até graves. Mais tarde, poderá ser tema de conversa, relatado ou omitido, lembrado por momentos, rememorado, talvez esquecido de forma definitiva.

Mas também seria possível se falar disso na análise. Neste contexto, despencar nunca é por acaso, nem por completo fora da significação. Há sempre sobredeterminação: ou antes, precipitando, ou depois, ressignificando o ato. E, na medida em que dá o que dizer, deixa bastante a desejar; em outras palavras, demanda uma interpretação.

Portanto, cabe a afirmação, com todas as letras, de que uma queda poderia ser equivalente a uma formação do inconsciente; este, não exclusivamente estruturado como uma linguagem.

Costuma ser dito que o enigma é o supra-sumo do sentido... Édipo — ele sozinho — teria sido capaz de matar, ao mesmo tempo, a charada e a Esfinge. Pois, quem é que passa a vida toda segundo a seqüência 4-2-3? O homem, oras, engatinhando primeiro e estagiando no espelho; acedendo — em seguida — à bipedestação triunfante, para ter, no futuro, uma bengala como tutor da espécie. As propriedades estatuárias da imagem lapidam o esquema corporal obedecendo à unificação dos pontos que configuram uma reta, cujo prumo coincide, em todos os casos, com algum rádio da Terra.

Por isso, chegar a ser humano, demasiado humano, é um mandato que tem força de lei, pois a meta do *pitecantropus erectus* é conseguir ficar perpendicular ao horizonte, como orgulho da raça. Isto exige um certo trabalho, constante, que é manter a parada apesar de uma outra lei que, como bem sabia Newton, reage obrigando a descer tudo aquilo que quiser subir.

Exigido pela injunção simbólica de *levanta e anda!*, embora limitado pelo lastro do real, o organismo precisou adquirir consistência, para poder superar a insuficiência prematura pela antecipação das suas potencialidades. Assim, o imaginário moldou a anatomia, dando como resultado o investimento libidinal que equacionou o corpo com o falo.

Com efeito, na visão de Freud, o corpo suspenso no ar — como é típico nos sonhos de vôo — representa o falo porque, igualado com um pênis em ereção, desafia a lei da gravidade.

Do que se deduz, então, que cair, como oposto dialético, alude diretamente à castração, por derrubar o monolito narcísico da prestância somática.

No tema da *queda* convergem várias acepções. Para começar, o lugar-comum bíblico. Adão e Eva, culpados pelo mais original dos pecados, foram expulsos do Paraíso, e aportaram neste mundo como quem cai na vida. Foi a sua sina parir com dor, e trabalhar idem: a lei de bronze da reprodução, mais o modo de produção alienado.

Antes deles, aliás, Lúcifer, o anjo rebelde, perdera a oportunidade de se apropriar do reino dos céus, e a derrota custou-lhe um mergulho inapelável nas trevas eternas das regiões inferiores. Estas histórias e mitemas, detalhados de modos diferentes nas diversas épocas e culturas, são o pano de fundo referencial que outorga à questão um valor metafórico, consuetudinário e consagrado. Cair é sinônimo de falha, o que precisa ser entendido amplamente. Remete, por um lado, à falha moral, mas também à perda, isto é, indica a ausência de um estado anterior bem melhor que o atual, o que daria lugar à lamúria e à recriminação. Pode ser, também, por extensão, a causa final de um gozo absoluto, de repente tornado inviável.

Para Norman Brown, no seu livro *O corpo do amor*, a queda seria apenas uma: à linguagem, no desterro de natura rumo à cultura. O que era coisa, agora é signo, símbolo, ícone, índice, significante, letra ou marca. Do ser-em-si, para sempre impossível, ficaria tão-só a ilusão de uma idade de ouro que nunca mais haverá.

Todavia, o assunto se desdobra quando incide o fator tempo, pelas seqüelas da sua passagem. Temos, então, a *decadência*, categoria que denota tanto o peso dos anos quanto a deterioração, a descida implacável do que outrora foi garboso, e logo tão baixo acabou...

Mudando um pouco de perspectiva, pode-se dizer que a atração concreta que o planeta exerce sobre os objetos pesados faz com que o imaginário, muitas vezes, se degrade até os domínios do real. Por exemplo, quando o que foi um corpo vivo, lépido e fagueiro jaz imóvel e rígido na horizontal: nunca mais podendo ser um *body*, fica definitivamente condenado a ser um *corpse*.

Esta é a dimensão trágica da vida, ou seja, a morte. Entretanto, nem sempre uma queda é algo tão penoso, dado que, em determinadas ocasiões, pode funcionar como um disparador do riso. É o que Lacan comenta no *Seminário V*, como se fosse um contraponto, ao tratar do chiste. Seria o caso da gargalhada que toma conta do espectador, assistindo ao poder insidioso de uma casca de banana no percurso de um cidadão na calçada: pouco ou nada tem a ver com a técnica do *witz*. Poderia ser um outro tipo de descarga da economia libidinal, sim, uma vez que o recalque foi levantado, mas, de que maneira e por quê? Convém não perder de vista a oposição entre a prestância anterior ao escorregão, e a triste figura depois do tombo, pois por aqui deveria ser pensado o significado de tanta graça.

Freud, na *Psicopatologia da vida cotidiana*, fornece várias ilustrações de como cair pode ser considerado o paradigma do ato falho, dito sem palavras, mas com a eloquência de um discurso bem-sucedido. E, como se fosse pouco, ainda temos um outro epígono freudiano, datado em 1920. Na psicogênese de um caso de homossexualidade feminina, a Eva em questão juntou, de forma altamente eficaz, a potência da língua, o desejo realizado, a alusão bíblica, e o que haveria de definir como *passagem ao ato*, para não confundir com *acting out*. Naquela tarde fatídica, flagrada na companhia proibida daquela mulher de péssima reputação, ela correu, chegando imprudentemente perto demais do túnel do bonde. Ali, por causa do olhar do pai que não aceitava tanto descaro, ela se jogou, na tentativa frustrada de um suicídio operístico. Mas não morreu, e a sua atitude acabou ganhando uma interpretação do mestre: *niederkommen*, em alemão, tanto quer dizer *cair* como *parir*. Portanto, numa bela formulação de compromisso, o inconsciente falou e disse, na expressão atuada daquele amor que não ousava nem sussurrar seu nome. Lacan, no *Seminário X*, prestou homenagem ao significante em ação. A angústia, o afeto que não mente, reduz o sujeito à condição objetal e, na identificação com o objeto *a*, a defenestração presentifica a fruição insalubre de uma outra satisfação, aquela que não se reduz aos confortos do princípio do prazer.

Seria possível continuar alinhavando inúmeros aspectos do tema proposto. Para encerrar as citações clássicas, deveriam ser lembrados *os que fracassam ao triunfar*, aqueles que, uma vez atingidos os píncaros da glória, são empurrados ladeira abaixo por um superego rigoroso, para se esborrachar na culpa por ter ido longe demais.

A queda e as suas conseqüências preencheriam muitas páginas de reflexões e articulações, não sendo este o momento adequado. Para concluir o presente texto, retomando o seu início, vale a pena voltar à clínica psicanalítica. Toda e qualquer situação em que seja relatada ou mencionada alguma idéia cadente sempre poderá estar prenhe de múltiplas associações, que não é conveniente deixar passar em brancas nuvens. Seria, então, possível dar, neste particular, um conselho aos principiantes, uma dica para escutar e reconhecer um ponto certo do discurso que provavelmente implicaria o sujeito para além ou para aquém das certezas do eu.

Quando a sessão termina, é freqüente que o analisante, levantando-se do divã, experiencie uma ligeira vertigem, ao recuperar a tridimencionalidade. Por isso, neste instante, a recuperação imaginária da identidade mereceria ser denominada de *queda para o alto*.

REFERÊNCIAS BIBLIOGRÁFICAS

BROWN, Norman. *El cuerpo del amor*. Buenos Aires: Sudamericana, 1972.
FREUD, Sigmund. "Psicopatologia de la vida cotidiana". In *Obras Completas*. Madri: Bilbioteca Nueva, 1970.
LACAN, Jacques. *Seminário V. Las Formaciones del inconsciente*. Buenos Aires: Nueva Visión, 1970.
_____. *Seminário X. La angustia*. Buenos Aires: Escuela Freudiana de Buenos Aires, 1977.

MONTAGEM DE UMA SESSÃO

No início, era o silêncio... A mulher no divã não pára quieta, enquanto o analista aguarda pacientemente seu dizer. O relógio avança, e ela choraminga baixinho até o momento de falar:
(Transcrição)
— P: Ontem, depois do jantar, fiquei assistindo televisão... foi então... escutei uma criança chorando e comecei a tremer... não entendo o que me aconteceu... M. perguntou qualquer coisa, mas eu não conseguia nem falar... a criança berrava tanto que achei que estava levando uma surra... foi a primeira vez que ouvi uma criança no prédio... fiquei gelada, ansiosa, todo mundo percebeu que estava passando mal... fui para a cama e dormi até as cinco, mais ou menos... sonhei que uns policiais pegavam uns meninos de rua e batiam neles e os levavam para o camburão... não lembro de mais nada... acordei toda molhada, toda suada, agitada...
— A: Apesar de você não estar ali?
— P: Ninguém avançou em mim, nunca!... lá em casa, quem apanhava sempre era o R... uma vez, quando ainda morávamos com a minha avó, meu pai veio me ver no meio da tarde, era o meu aniversário... estávamos jogando bola no jardim... chutei muito forte e quebrei o vidro da janela... meu pai saiu furioso e, sem perguntar nada, foi e bateu no R... fiquei com muito susto, com medo de apanhar, mas sem abrir a boca... depois de tanto tempo, ainda acho que foi uma injustiça...

— A: *A injustiça foi que, no dia do seu aniversário, você não recebeu o que merecia...*
A seguir, o analista encerra a sessão, e a cliente vai embora sem cumprimentar.

Preto no branco, o desejo do analista fica às claras quando, no ato de escrever, a escuta flutuante transcende a associação livre. A partir deste ponto, o texto produzido interroga, por igual e ao mesmo tempo, tanto a psicanálise quanto a literatura.

Freud não deixou de encarar o desafio, e já nos *Estudos sobre a histeria* advertia: "*... me provoca singular impressão que os meus historiais careçam de um estilo científico mais severo, e apresentem, em troca, um aspecto literário*". E, em 1925, na *Introdução aos historiais clínicos*: "*Não ignoro que muitos médicos — pelo menos aqui em Viena — aguardam com repugnante curiosidade a publicação dos meus casos clínicos, para lê-los não como uma contribuição à psicopatologia das neuroses, senão como um* roman à clef, *destinado ao seu particular divertimento*".

Outros, como é o caso de Octave Manonni com suas *Ficções freudianas*, fizeram da questão um ponto de honra que, voltando invertida do lugar do Outro para quem fora emitida, coloca em xeque aquele que ousa deixar a sua marca no papel.

Sendo o autor analista, seria garantido que a sua produção fosse teórica, sempre? Pois... o que é mesmo que um psicanalista inscreve, quando escreve? Por acaso, a teoria?

Seria conveniente perceber, nesta última, não apenas uma simples sistematização das observações, e sim — apostando na sua legitimidade discursiva —, um saldo das interpretações proferidas e formalizadas. Isto significa que, quando a psicanálise é escrita, ela precisa ser levada ao pé da letra, efeito este também conhecido como literatura.

Indo mais longe, na medida em que se dissolvem os limites, ganham-se precisões: contrastando com as versões fenomenológicas, de uso corrente na psiquiatria, perfila-se um outro estilo que, partindo do que Freud ingenuamente chamara de *realidade psíquica*, faz, de toda e qualquer redação, uma hipótese sobre o fantasma.

Portanto, transcrever uma sessão de análise é uma criação literal cujo escriva, querendo metaforizar o que foi ouvido e perdido, monta um roteiro particularíssimo, fictício porém verídico, legível porque grafado segundo os usos da língua. Inevitável fórmula de compromisso, mesmo eclipsando o sujeito sob as leis da sintaxe, deixará sempre, nas entrelinhas, transparecer o meio-dizer da sua verdade.

A seqüência anteriormente citada poderia servir como exemplo do que se convenciona chamar de *sessão curta*. No entanto, não interessa discutir aqui nem a sua duração, nem o momento exato do corte, nem a eficácia da pontuação. Neste trecho, extraído da singularidade de um tratamento, destaquemos tão-só o cenário provável de uma modificação subjetiva. Todavia, sua única referência factual é a combinatória dos significantes que a compõem; mesmo se fosse uma desgravação *ipsis literis*, apenas poderia ser considerada em si, na sua exclusividade, como uma peça solta de um quebra-cabeça que não está, por ter sido elidida a história da qual faz parte.

Nela, poderão ser reconhecidos — e nisto já haveria algum saber em jogo — alguns lugares-comuns do discurso analítico: *resto diurno — sonho — recordação encobridora...* A soma de todos estes elementos dá como resultado uma outra figura — o *fantasma* — que, como uma filigrana subjacente, sedimenta o texto. A *construção* o estrutura, e sua natureza conjectural é a única consistência que lhe cabe.

Destarte, se perguntássemos pelo seu estatuto, acharíamos que seus limites não são alheios às possibilidades da retórica, e sua medida, a que define o verossímil.[1]

Aquela sensação de espanto que afeta as coisas familiares e conhecidas — o *unheimlich*, a realização sinistra do desejo — testemunha que o episódio relatado não poderia deixar de se associar com algum outro anterior, como repetição. Talvez nem fosse essencial saber se tal acontecimento teria se passado *na realidade* ou não, mas

---

1) BARTHES. *A árvore do crime.*

descobrir de que maneira seria articulado pela cadeia significante. Exigência puramente lógica, pois nenhuma impressão atual conseguiria produzir um sonho sem se enlaçar a conteúdos inconscientes prévios.

Isto permite concluir que, assim como o resto diurno entraria de forma tangencial no fantasma, este último conseguiria, no final das contas, se apropriar do primeiro.

Aquele corpo, que a angústia presentifica como absolutamente real, tenta recuperar a homeostase se fechando num casulo, na volta-sobre-si-mesmo do dormir, mas — de repente — uma revolução psíquica é deflagrada, e a *via régia* é guilhotinada. O sono é perturbado por secreções e umidades íntimas. *Suada, molhada, agitada*: estes qualificativos seriam impotentes, no sobressalto do despertar, para exorcizar a vertigem de um gozo insuportável.

Depois, na sessão, dão lugar à intervenção do analista que, de fato, estabelece uma ordem de ocorrências. Com efeito, sendo a análise muito mais do que uma confissão num ouvido inerte, a paciente vai falando, mas pauta seus dizeres ulteriores decorrendo do que recebe como resposta; assim, desde o desejo do Outro, ela é induzida a verbalizar até o que não sabe.

Surge uma recordação — ampliação da consciência, em termos freudianos — que preenche uma lacuna, se integrando na arqueologia do sujeito. Apesar disto, sempre será considerada encobridora, porque sua sobredeterminação a compromete com aquilo que fica não dito.

O ato analítico se encerra com uma construção que sustenta o fantasma escamoteando um resto significante;[2] mesmo deste modo, se aventura como um saber inventado[3] que, se for eficaz na abertura de novas cadeias associativas, o que poderá ser comprovado mais tarde, acabaria tendo um efeito interpretativo.

---

2) Por não se tratar de um caso clínico completo, não seria possível articular aquilo que constitui o material específico deste fantasma, o sintagma meninos de rua que, como um resto, fica fora do jogo.
3) NASIO. *La ética del psicoanálisis: el analista entre la verdad y el sufrimiento*.

Podemos voltar agora à idéia central desta reflexão: o fantasma — quando escrito com todas as letras, é a matéria-prima da literatura. Isto posto, cabe uma alusão direta a uma obra de Freud, *Uma criança é espancada* (*Ein kind wird geschlagen*), artigo organizado como um *puzzle* conceitual, que explicita a necessidade de superar o limiar da memória, indo além da capacidade de rememoração do paciente.

O sujeito de quem se trata, fixado pela estrutura numa relação constante com a causa do seu desejo, é aquele que poderia ser situado, sempre em *fading*, na fronteira do fantasma. É por este viés que Freud o articula no seu trabalho, onde nunca aparece sendo batido, exceto na segunda fase, ou seja, justamente na construção veiculada pelo analista.

Colocar imaginariamente os *outros* apanhando não evoca nenhuma perspectiva realista ou fática para promover o prazer: um âmbito diverso, da ordem da fruição, que reside na própria frase padronizada — *batem numa criança* —, fornece uma satisfação de caráter onanista. Intencional num primeiro momento, mais tarde acaba se tornando compulsiva.[4]

O fantasma se apresenta sob a forma de uma montagem gramatical que permite encenar, segundo diferentes inversões, o destino da pulsão. O texto em questão pretende ser uma *contribuição ao estudo da gênese das perversões*, mas depara com algo bastante mais complexo que a reles descrição das *psicopatias sexuais*.

Todavia, haveria de considerar uma dimensão diferente do real,[5] porque não se trata da clássica prática perversa de espancar,[6] senão de uma referência erudita que toma a sua denominação dos livros. O *sadismo*, o *masoquismo*: *ismos* acrescentados a nomes de autores, ambos notórios pelas suas produções, muito mais que pelas peculiaridades das suas vidas ou das suas taras.

Estes dois escritores, divergentes nas suas especialidades temáticas,

---

4) MASOTTA. *Introducción a la lectura de Jacques Lacan.*
5) NASSIF. *Le fantasme dans "On bat un enfant"...*
6) Referência de relatos de flagelação: *Sobre o uso do chicote nas casas de Vênus*, texto citado por Alain Grosrichard na entrevista com Foucault para a revista *Ornicar?*

foram posicionados como convergentes pelo saber da sexologia do começo do século, na tentativa de designar um particular, pretensamente universal. Kraft-Ebing foi quem criou o termo *masoquismo*; também foi responsável pela oposição ideológica com o paradigma surgido dos escritos do Marquês de Sade.

Foi assim que se perderam as anedotas singulares e o estilo de cada um, quando diluídos numa semiologia canhestra de uso corriqueiro desde então, que enfrentou seus patronímicos querendo que fossem complementares. Numa infeliz integração dialética, foi pontificado que bastaria trocar de signo, e pensar na grande unidade dos opostos, para obter o específico de cada um a partir do outro.

Evitando tal vulgarização, no contexto de uma leitura atenta, deveriam ser definidas as verdadeiras linhas de fuga: no tocante à pulsão, estes *ismos* nomeiam os pontos terminais do seu circuito; como par antitético de uma configuração binária, por serem lugares de substituição e permutações múltiplas, cumprem constantemente as funções de sujeito e de objeto.

Este ponto de vista parece inquestionável, já que a mitologia pulsional tem a caraterística de ser lógica em todos os casos. Contudo, Freud lançou mão destas referências sem entrar em considerações literárias que dariam a estes dois autores, se fosse a intenção, a originalidade que por direito merecem.

Entretanto, como as vicissitudes da metapsicologia não anulam os valores da discursividade, é possível indicar aqui um desconhecimento freudiano. Um homem culto como ele poderia não ter lido Sade, mas Masoch... *best-seller*, naquela época, em todos os países de língua alemã?

Para finalizar, mais algumas palavras sobre a lavratura analítica, freudiana, lacaniana, ou de qualquer um que professe a clínica, e também segure a pena com mão firme: urge destacar a atividade literária como constitutiva do nó que amarra o fantasma à escrita, sendo a construção textual a transmutação da impossibilidade em verossimilhança, ou seja, a recriação daquela *estranha realidade* que, fixada no papel, cristaliza um sentido, sempre potencial, ao atribuir um sujeito ao saber do inconsciente. Em definitivo, como diria Leonardo da Vinci, *se non é vero, é bene trovato*...

REFERÊNCIAS BIBLIOGRÁFICAS
BARTHES, Roland. "El árbor del crimen". In *Sade*. Montevidéu: Garfio, 1968.
FREUD, Sigmund. *Estudos sobre la histerira*. Madri: Bilbioteca Nueva, 1970.
_____. "Introducción a los historiadores clínicos". In *Obras completas*. Madri: Biblioteca Nueva, 1970.
MANNONI, Octave. *Ficciones freudianas*. Madri: Fundamentos, 1980.
MASSOTA, Oscar. *Introducción a la lectura de Jacques Lacan*. Buenos Aires: Proteo, 1970.
NASSIF, Jean. "Le fantasme dans 'On bat un enfan'...". In *Cahiers pour l'análise n. 6*. Paris: 1967.
NASIO, Juan David. *La ética del psicoanálisis el analista entre la verdad y el sufrimento*. Buenos Aires: Escuela Freudiana de Buenos Aires, 1976.

IN MEMORIAM

IN MEMORIAM

OSCAR MASOTTA
E O MODELO PULSIONAL

A entrada do discurso lacaniano na América Latina pode ser situada com exatidão: foi em Buenos Aires, no dia 12 de março de 1964, no Instituto de Psiquiatria Social, quando Oscar Masotta fez público seu trabalho sobre *Jacques Lacan e o inconsciente nos fundamentos da filosofia*. A história então iniciada mostra hoje, mais de trinta anos depois, os efeitos de sua disseminação. Por ocasião da primeira edição brasileira de um livro seu, é meu intuito fazer sua apresentação, homenagem que lhe rendo.

A trajetória intelectual de Masotta até deparar com a obra do psicanalista francês Jacques Lacan talvez pareça, à simples vista, um tanto eclética; só depois de uma análise detida revela-se a coerência do seu movimento. Nascido em 1930, sua vasta e sólida cultura enraizava-se na filosofia contemporânea, no existencialismo e na fenomenologia. Seus primeiros escritos foram dedicados a Merleau-Ponty e Sartre, cujo texto sobre Jean Genet inspirou-lhe uma *versão portenha* — um trabalho de crítica literária titulado *Sexo e Tradição em Roberto Arlt*.

Interessado, simultaneamente, no estudo da semiótica e da arte da década de 60, um outro aspecto de sua atividade começa com sua contratação como pesquisador da Faculdade de Arquitetura, quando promove encontros entre arquitetos e lingüistas, e realiza conferências em Lima, Nova Iorque e Paris. São dessa época seus livros *O Pop Art* e *Happenings*. Concretiza em 1968, um velho projeto, uma Bienal Mundial da História em Quadrinhos, com a participação de teóricos, desenhistas e roteiristas de vários países. O resultado é o livro *Os Quadrinhos no Mundo Moderno*. Publica também *Consciência e Estrutura*, uma compilação de ensaios.

Até aqui: filosofia, literatura, semiologia, artes plásticas. E a psicanálise? Aos poucos, de maneira inevitável, Masotta acabou lá. Sua evolução teórica o levou a abandonar a idéia sartreana do ego transcendente à consciência, o que, somado aos estudos lingüísticos, deu num encontro lógico e necessário com Freud, e depois, com Lacan.

Isso fala

Não poderia ter sido diferente. Quando o enfoque fenomenológico é insuficiente para explicar um ato falho, por exemplo, e a teoria da comunicação é superada pelo imprevisto, precisa-se de um outro marco conceitual, que não é senão a psicanálise, para dar conta do agente de tal lapso. Partindo da postulação freudiana do inconsciente, e segundo a reformulação lacaniana, pode-se pensar num sujeito profundamente descentrado da sua intencionalidade e siderado da razão. A distância entre o que se pretende enunciar e o que finalmente é dito ilustra a arbitrariedade mesma da oposição entre o significante e o significado; arteiro e certeiro, o inconsciente se manifesta estruturado como uma linguagem.

Quem lhe comunicara a boa nova lacaniana, providenciando os primeiros textos, foi o Dr. Enrique Pichón-Rivière, um dos pioneiros da saúde mental na Argentina, amigo pessoal de Lacan e fundador do Instituto onde seria convidado para expor os frutos das suas investigações.

Avançando nas leituras, Masotta ingressou na psicanálise pelo teto, descendo pelas paredes até chegar ao chão. Naqueles anos, às necessidades materiais veio se juntar um longo período de doença, depois da morte do pai. Isto fez com que entrasse na análise pela porta principal: a experiência pessoal como paciente.

Quando o sintoma faz falar, a função paterna cobra em palavras o pagamento da dívida simbólica. Recuperado, Masotta iniciou sua prática didática. Procurado por estudantes e analistas insatisfeitos com o ensino oficial, criou um estilo de transmissão particular, os *grupos de estudo*, em que a leitura minuciosa da obra de Freud era colocada como perspectiva de formação.

A reflexão sistemática sobre a teoria freudiana contrastava de maneira notável com o aprendizado burocrático da Associação Psicanalítica Argentina. Lá, como em quase todas as outras filiais da Sociedade Internacional, sob o impacto de Melaine Klein e a escola inglesa, Freud tinha desaparecido. A denúncia desta situação era a bandeira de luta de Lacan na França; Masotta, em nome de tal cruzada, representava, na época, uma opção semelhante e marginal. Um primeiro confronto não demorou em acontecer: uma conferência sua tocou de perto um dos intocáveis da APA, Emilio Rodrigué, questionando, a partir de um escrito seu, a tergiversação própria daquele âmbito. Depois de réplicas e tréplicas, ficou claro que, também em Buenos Aires, já começara a batalha entre os que tinham suprimido Freud e os que queriam trazê-lo de volta.

Lacan em castelhano

O próximo movimento masoteano foi um seminário introdutório à obra de Lacan. Foi um discurso sobre um outro discurso — um escrito de Lacan — sobre um outro discurso — *A carta roubada*, conto de Edgar Allan Poe —, ditado num instituto de arte moderna, e transformado mais tarde no livro *Introdução à Leitura de Jacques Lacan*. Este título era um equívoco imposto pela editora, pois não se tratava de uma introdução no sentido corriqueiro, um texto que facilitasse a compreensão de outro, na ilusão de uma metalinguagem possível, senão de uma elaboração do ensino de Lacan quase tão complexa quanto sua obra.

No ano seguinte, Masotta edita e prologa dois seminários lacanianos, *As formações do inconsciente* e *O desejo e sua interpretação*. A constituição de um grupo de discípulos foi traçando a rota que, por força de coerência, conduziria à fundação de uma escola freudiana. Antes, porém, a instituição foi precedida por uma publicação, os *Cuadernos Sigmund Freud*. No número 2/3 constam as palestras, mesas redondas e trabalhos realizados por Octave e Maud Mannoni, analistas franceses convidados por Masotta que, naqueles tempos, assim se definia: (respondendo a Maud Mannoni, que acentuava a prática clínica) "... *este apelo à clínica não poderia me desgostar. Mas as últimas palavras de Maud parecem me expulsar desta história, da história da estruturação de um neogrupo de psicanalistas na Argentina, já que este grupo é tributário do meu ensino, e eu comecei a ensinar Lacan sem nenhuma experiência clínica, e sem outra experiência prática que dois anos de uma análise individual mal conduzida. Digo que parece, mas não penso assim. Penso as coisas de outra maneira. Posto que não sou nem perverso nem psicopata, talvez o momento 'teórico', a respeito da teoria que de alguma maneira represento, fosse necessário entre nós. A prática teórica, exclusivamente, não me interessa. Acho que o teoricismo é hoje um perigo, e tento evitá-lo lembrando que quando falo de psicanálise estou falando mesmo de psicanálise, e que a teoria da qual falo depende da clínica e se origina nela. Quero dizer que tenho em conta que a teoria psicanalítica não é totalizadora, e que nesse sentido é um modelo, pois nenhuma teoria pode sê-lo. Podem me chamar de pregador e não de teórico. Nada teria a responder. Só que então pediria para ser julgado não pelo que tenho, senão por aquilo que promovo*".

Nos sucessivos números dos *Cuadernos* são publicados alguns textos seus, um sobre o *Homem dos ratos* e outro sobre o *Homem dos lobos*, e também a transcrição de três aulas na Faculdade de Psicologia, *Édipo, Castração, Perversões*.

O número 4 reunia os trabalhos apresentados nas *Jornadas Sigmund Freud*, promovidas pelo Instituto Goethe em 1973. Dos inúmeros alunos e seguidores, eram muitos os que já se exercitavam na produção escrita: Masotta fazia escola. No ano seguinte, a instituição foi formalizada. Tomando como referência a *École* de Lacan em Paris, a *Escuela Freudiana de Buenos Aires* concretizou, num primeiro momento, a transmissão alternativa propiciada por Masotta que, na Ata de Fundação, escrevia: "*Um gesto de fundação não é um gesto humilde. Menos ainda quando o passado, o presente e o fim é a psicanálise. Mas uma fundação tampouco é um gesto ambicioso, embora não seja simples: deverá precisar os limites do seu campo, isso será suficiente".*

Presença da ausência

Organizados os psicanalistas, Masotta saiu de cena. Prevendo quiçá os horrores da história recente na Argentina, mas também atendendo ao seu desejo de se aproximar da psicanálise européia, instalou-se primeiro em Londres para, mais tarde, fixar residência em Barcelona. Achava que sua ausência seria metaforizada pela Escuela, e facilitaria uma avaliação não imaginária de sua função de *sujeito suposto saber*.

Mas nada disto aconteceu, muito pelo contrário: o vazio hierárquico que deixara fascinou os oportunistas de sempre, que tentaram a usurpação dos emblemas. Respondendo polemicamente desde a posição ética que a psicanálise exige dos seus praticantes, Masotta promoveu um novo ato simbólico quando, junto com aqueles que continuavam reconhecendo nele um mentor indiscutível, cindiu a instituição que criara, recriando-a com o nome de *Escuela Freudiana de la Argentina*, em 1979. Foi a renovação de um pacto, e a restituição de um parâmetro de legitimidade.

Enquanto isso, na Espanha, retomava sua prática magistral. Outra vez grupos de estudo, seminários, publicações. São editados os *Ensaios lacanianos* e as *Lições de Introdução à Psicanálise*. Reiterando o gesto fundador, surgiu então a *Biblioteca Freudiana de Barcelona*.

Apenas leitor de Lacan, Masotta o conheceu pessoalmente só em 1975, por ocasião da apresentação na *École Freudienne* da sua congênere argentina, cuja paternidade assumia. Os avatares de sua instituição sem dúvida influíram na decisão lacaniana de dissolver a *École*; este antecedente ilustrou os destinos agressivos das transferências não resolvidas com aquele que ocupa a posição de mestre.

As mágoas das brigas mesquinhas e as tristezas de um exílio forçado pela ditadura, minaram sua saúde. Fumante inveterado, na tradição dos grandes analistas, acabou sucumbindo ao câncer em 1979, no mês de setembro, como também outros grandes analistas.

Freud via Lacan

Um dos méritos de Masotta foi ter introduzido Lacan por intermédio de Freud. Ou melhor, desde e por meio de Freud, cuja obra propunha ser lida atendendo a uma *ordem de razões* que explicitasse sua consistência. Esta procura das molas internas da teoria era uma opção forçada para evitar a ingenuidade das leituras cronológicas. No final das contas, a construção dos postulados psicanalíticos pouco ou nada tem de linear; novas articulações, retroagindo sobre as anteriores, se enlaçam numa descontinuidade temporal.

Isto posto, convém colocar o acento na última etapa da produção freudiana, e reformular tudo a partir da fase fálica. O complexo de Édipo, como fundamento, por sua vez, se fundamenta na castração. Em outras palavras, como pensar a constituição do sujeito do inconsciente, sem esquecer que as decorrências psíquicas da diferença sexual são regradas pela função do pai? Neste ponto específico e capital, no qual coincidem Freud e Lacan e diverge Klein, Masotta sugeria que esta última também deveria ser entendida desde aqui, como um bom exemplo de confronto e refutação. Concordava com Lacan quando dizia que a psicanálise infantil levou a psicanálise a um certo infantilismo. O sentido de retorno a Freud apontava na direção do que tinha que ser recuperado, restituído como pivô.

No que diz respeito aos textos de Freud, ao longo dos anos, uma seqüência foi priorizada, cristalizada no chamado *Programa*: um mapa de leitura, segundo a lógica própria dos conceitos. Para além da evolução cronológica das idéias, interessava destacar seus efeitos retroativos de significação. A primeira parte do programa tematizava as formações do inconsciente, passava pela questão da mãe fálica e do narcisismo, e era seguida de uma reflexão sobre a instância paterna na estrutura. Incluía os casos clínicos de Freud, e organizava o Édipo do ponto de vista das identificações. Na segunda parte, a angústia era uma das vertentes, enquanto, numa outra orientação, era formalizado o campo da pulsão.

Este programa, como armação significante, tem funcionado como uma verdadeira *instituição flutuante* na transmissão do discurso analítico. Seu prestígio é conseqüência de sua extrema utilidade para a formação teórica dos analistas.

O modelo pulsional

Masotta forjou a expressão *grande modelo pulsional* para dar conta das vicissitudes da metapsicologia. Embora mudasse várias vezes de concepção, Freud manteve constante o princípio de oposição: as correntes pulsionais que entram em conflito no sintoma são sempre duas, e diferentes. Daí que uma posição monista como a junguiana fosse incompatível e, de certa maneira, dissidente. Mas esta exigência de um par antitético como garantia dialética é só um aspecto do problema; o outro é constituído pelos elementos enfrentados. Num primeiro momento, as pulsões sexuais introduzem a discórdia nas pulsões de autoconservação ou do eu, como serão chamadas mais tarde. Este é o eixo do confronto psíquico. Estes dois fluxos, em princípio inconciliáveis, são assimilados, depois de 1920, num só, Eros, a energia da vida. Contrastando, a pulsão de morte, o novo pólo antagônico. A teoria pulsional aparece, então, como um movimento de inclusão, uma *aufhebung* — no sentido de superação, mas também de manutenção — do formulado inicialmente.

O escândalo que o tema da sexualidade provocara não foi eclipsado por este outro choque representado pela interferência da morte. Mas esta nova perspectiva conceitual tornou-se necessária quando a chave do esquema precedente, o parâmetro do prazer, perdeu seu poder. A aporia do masoquismo e a repetição compulsiva obrigaram Freud a considerar o predomínio de *Tânatos*.

Da mesma forma, Lacan, ao longo do seu ensino, teve que incorporar tal relação paradoxal entre a vida e a morte à luz dos registros de Simbólico, Imaginário e Real. O que nos primeiros seminários aparecia como paradigma do conflito — o eu, subvertido pelo desejo —, foi acrescido da dimensão do gozo. Para além do princípio do prazer, perfila-se esse outro campo, real e impossível. Como no caso de Freud, um efeito de superação engloba as articulações anteriores e as preserva.

Embora a parte mais especulativa da psicanálise, a doutrina das pulsões resulta verossímil em função dos supostos que a sustentam. Os percalços do dualismo pulsional constituem o esqueleto do livro de Masotta, cujos raciocínios são desdobrados segundo duas coordenadas: por um lado, no que tem a ver com a definição de base da pulsão, como conceito limite entre o psíquico e o somático, ou seja, como fronteira e união. Por outro, no que se refere à questão do objeto parcial (*objeto a* na teoria lacaniana) ou, nos termos da teoria clássica, às fases do desenvolvimento da libido. De uma maneira tão brilhante quanto exaustiva, os argumentos freudianos são discutidos e cotejados entre si, para compor um texto que, todavia, é submetido ao método crítico que ele mesmo professa.

Editado *post-mortem*, *O modelo pulsional* destinava-se a ser o segundo volume das *Lições introdutórias*, projeto fatalmente inconcluso. Seus quatro capítulos, se bem encadeados, são insuficientes, porém, para esgotar o problema. O discurso de Masotta se interrompe bruscamente antes de entrar de cheio na pulsão de morte. Foi a morte, na sua literalidade mais absoluta, o confim do seu percurso, colocando, num ato definitivo, o ponto final.

O lugar do mestre

"*Será que ainda não foi compreendido que falar em termos de 'retorno a Freud' não é — nem nunca foi — mais do que um puro eufemismo?*" Afirmando com uma pergunta, Masotta, nos últimos momentos de vida, continuava instigando aos acomodados da psicanálise. "*O que era um psicanalista nos tempos de Freud e Breuer, na época clássica, nos anos 50, ou na nossa época, nos tempos de Lacan?*" Em relação à discussão da psicanálise ser ou não uma ciência, achava que os adeptos à epistemologia — entre os quais, a contragosto, se incluía — deveriam, de vez em quando, pelo menos, provar do que estavam falando. Em todo caso, mostrava-se cauteloso, lembrando que a axiomática analítica não encontra facilmente seus modelos, dado que o seu objeto é o espaço mesmo de sua prática específica.

No tocante à transmissão da psicanálise atual, Masotta ocupa um lugar muito especial, de reconhecida mestria, cujo testemunho é oferecido pelos seus discípulos. À diferença dos que leram em Lacan que seria bom ler Freud, partiu para uma leitura efetiva de Freud. Uma leitura consistente, que diminui a carga imaginária de fascínio que o discurso lacaniano produz, além de esclarecer pontos escuros dos seus escritos, tudo isso sem fechar a possibilidade de seguir pensando pelos próprios meios. Para os que tivemos a sorte de percorrer com ele os meandros da teoria psicanalítica, resta, junto com o aprendizado, uma lembrança carinhosa. Para aqueles que só o conhecerão na extensão do texto, como é o caso agora dos leitores brasileiros, fica o valioso legado do seu ensino.

LACACON VIVE

Um dos mais expressivos nomes da vanguarda argentina, Néstor Perlongher, nascido em Buenos Aires em 1949 e falecido em São Paulo em 1992, foi antropólogo, ensaísta e professor, mas, fundamentalmente, poeta. Publicou, em castelhano, *Áustria-Hungria* (1980); *Alambres* (1887); *Hule* (1989); *Parque Lezama* (1990); *Aguas aéreas* (1991); e *El chorreo de las iluminaciones* (1992). Em português, participou do livro *Caribe transplatino* (1991). Afora os poemas, escreveu também os seguintes ensaios: *O negócio do michê* (1987) e *O que é AIDS* (1987), além de numerosos artigos.

Alegre e espirituoso, gostava muito do personagem *Conan o bárbaro*, e não conseguia levar Lacan a sério. Por estes motivos, e em função de uma amizade intelectualmente fraterna, escreveu o texto a seguir. Depois, tristemente, se fez merecedor de uma despedida significante.

Lacacon
(entre Lacan e Conan)
Notas para um poema teórico

a Oscar Cesarotto

Na fixa aspereza do claustro (áspera fixidez), opõe por baixo o caricioso cipó que desliza entre leopardos leonados, e uma capinha apenas desfiada entre os ombros poderosos, bíceps que estalam... E Lacan? *Lacan can can.* Aonde espera o herói com a cabeça depilada? E se dizia que o problema da complexidade dos semenas assemelhava-se à bagunça que o franco tinha na sua cabeça, cuca fixa contra a porta do consultório por onde entravam os pacientes: e era *Conan!*

"Trago a lava cinzenta dos vulcões frios (glaciares normalmente) de Cimeria, meu método é a espada tronchadora de troncos ao decepar o torso no contorcionismo das câimbras dos membros, e nádegas portáteis de lutador no ouro de Dior das argolas que simplesmente ornam (onaneras) a largura portentosa do meu bíceps, o sangue é o meu elemento, o elemental sadiano meu fantasma, a força minha serena formosura de gladiador romano antecipado num tempo borroso, de múltiples nações e cloacas; cloacas da raça aonde abrevam, na lúbrica sanguinolência da fabulação, estriadas sanguessugas do desejo: como se eu não percebesse como sou o seu desejo."

2

Cego seu cão de duas águas: água de Bernal, água de Palermo, sua bengala lendária onde desembarcam em globo os gládios, os godos, os gladiolos. Engolando-se quanto. Na corrida da aventura, despenteada e louca, e abundante em desafios à vizinha morte, sempre rondando viva a desdentada, preferia, o francês, à francesa. A que foi adorada por perverso, em verso do reverso, marida e amurada. O amarelismo do livro de contas outorgava um esplendor tenaz, aéreo: se a outra era o verso (em si era o verso) do verso de outra, esta versava o seu versar: vertir e divertir com a parola, com o silêncio, com o cale-se do encalhe.

(Tosses!)
(Se faça de boba!)
Escanções físicas para ritmar com o que não se dizia só por dizer.

O herói, edulcorado pelo olhar que tudo molha, lambe ou besunta: suas coxas, suas nacaradas coxas, o musgo dos seus músculos lustrosos como espiga no dourado recolher, ser colhido, o milho pelo mango.

Maravilhas do mango adivinhadas por trás do pelo que tênue e sensualmente (uma dutilidade quase inconsútil) cobria os brilhos lenticulares da pele, ereta como um pomo perante o dardo. Flecha de sua espada que nos encetava cenhindo o olhar interno da ilusão de um mancebo lutador e implacável.

3

Físicas: ritmava-se o que não dava para dizer.

> *"O que faltava ao atleta? Um espelinho.*
> *O que faltava ao pêlo? Um pentelinho.*
> *O que faltava ao ânus? Um anelzinho.*
> *Ao que falta por faltar, faltaria lhe dizer o que lhe falta."*
> Acaso.

Néstor Perlongher
São Paulo, agosto de 1991.

Néstor vive

Nem lodo, nem lama, nem limo. Barroso sim, como o leito argiloso de um rio *cor de leão*, no dizer de um outro poeta, apesar da alcunha *de la Plata*. Na ardilosa cidade deitada à margem, o barroco seria logicamente impossível, mas não Perlongher. Vindo da periferia sideral dos *Bons Ares* para o centro nevrálgico e eletricitário de *São Pulo*, sua poesia fez do castelhano uma língua porosa às estripúlias do arfar cotidiano, eivado de gozos profanos e retorno do recalcado.

Como assim? Um bumerangue?

Pois seus versos, recamados oropeles do vernáculo ao pé do ouvido, tecidos ao sabor do acaso calculado, acobertavam, qual pano de fundo, mil tratos e contratos, de corpos efêmeros e olhares refogados. O transe, escrito e proscrito, era seu fado; sua sina, porém, foi a mestria ladina no linguajar arteiro, para além da metáfora fálica e seu rubor.

Salve, então, um plenilúnio borrado, parênquimas nababescos e guelras desfraldadas, rescoldos, azeviches e, desde sempre, um véu rosado. *In memoriam*, drapeado...

ÓCIO — CIO — VÍCIO

Como alguma vez disse Luis Alberto Spinetta, poeta argentino da minha geração, *"La soledad es un amigo que no está..."*. Ainda bem que as idéias não desaparecem com a pessoa que as formula. Sua persistência admite, para além da finitude do soma, a possibilidade de uma transmissão, pelo viés da transferência, como uma tentativa simbolicamente correta de elaboração perante a irredutibilidade do real. Continuar a pensar, eis aqui o legado, mas também o desafio, pois agora será com a nossa própria cabeça.

Um par de anos atrás li um trabalho de Antonio Ribeiro cuja inspiração gostaria de recuperar agora, tamanha sua capacidade de suscitar associações e incentivar a imaginação analítica. Tratava-se da sexualidade na vida contemporânea, e seu título era uma pergunta: *O retorno de Onan?*[1] Não estive presente quando foi apresentado num evento, mas fiquei sabendo de uma certa polêmica levantada pelos seus enunciados. Assim sendo, vale a pena que a provocação não seja esquecida.

Considerando o assunto em pauta, a psicopatologia da vida cotidiana nos dias de hoje, neste mundo contemporâneo de capitalismo expansivo, já atingida a etapa superior do neoliberalismo selvagem da sociedade de consumo, parece inevitável que a resposta seja afirmativa, e que Onan reapareça, lépido e fagueiro, para continuar jogando fora a semente do futuro.

Com efeito, e voltando a um dos exemplos fornecidos na ocasião, os *videogames* podem ser considerados o paradigma acabado de um

---

[1] Apresentado no *Congresso brasileiro sobre a sexualidade contemporânea*. Belo Horizonte, maio de 1992.

destino pulsional espúrio que, entretanto, não atinge a dignidade da sublimação. Crianças e púberes, adolescentes e virgens, adultos de ambos os sexos e até vovôs, todos e cada um podem passar horas e mais horas empatando libido a fundo perdido, sem outro retorno senão a insatisfação eternizada do confronto com a máquina, quase sempre vitoriosa. Passatempo? Sem dúvida, e cada minuto é um minuto a menos.

Por isso, junto com qualquer constatação empírica, as assertivas de Antonio Ribeiro são confirmadas quando lembramos a denominação do aparelhinho que permite a interação game-jogador: *joy-stick*. Quer dizer "*alavanca de comando*". No entanto, se a tradução for literal, vira de imediato interpretação: *joy*: gozo; *stick*: vara. Ou seja...

Satisfação substituta ou seu sintoma de volta? A imagem do onanismo pós-moderno seria representada assim: um sujeito na frente de uma tela animada, vidrado, com ambas as mãos ocupadas, enquanto sua potência pinga no carpete.

Outro dos exemplos era a televisão, suficientemente bem destrinchado como para ser desnecessário retomá-lo neste contexto. Acrescentemos, então, mais um elemento bem atual, incorporado não faz tanto tempo à nossa realidade, com o propósito de nos ajudar na dura tarefa de suportar a dor de existir, e compensar um pouco o mal-estar na cultura. Refiro-me ao computador. Para ser mais preciso, o tipo de equipamento cibernético que, integrado na trivialidade do dia-a-dia, virou algo tão familiar quanto um eletrodoméstico qualquer.

Com certeza, paralelos e correlações podem ser estabelecidos entre o *videogame* e o computador, dada a mesma materialidade digital que os constitui. Entretanto, o que permite diferenciá-los de maneira taxativa é o critério de utilidade, nulo para o primeiro, e elevado para o segundo. Por um lado o gozo, que por definição não serve para nada, e em contrapartida o trabalho, a energia investida com a finalidade de se obter um fruto do esforço, a produção.

Também deve ser salientado o amplo espectro comunicacional que a informática possibilita, seja em termos de contato cibernético e, mais especificamente, através da Internet e demais redes, o intercâmbio de dados e a correspondência eletrônica internacional.

Em poucas palavras, grandes avanços e benfeitorias para a humanidade e seus participantes. O mundo de amanhã, instalado hoje, na sua própria casa, antes mesmo do ano 2000.

Bem, aqui começam alguns dos problemas e efeitos colaterais do progresso. Existe o risco do computador, milagre tecnológico do século XX, dependendo das circunstâncias, deixar de ser um meio para determinados fins, e se transformar num fim em si mesmo. Isto é, desde que incorporado na economia libidinal do sujeito, não são raras as oportunidades em que absorve, do seu usuário, tempo, tesão e talento. Dando, em troca, apenas a chance efêmera e sempre insuficiente do intercurso virtual entre o maquinário e o homem.

No aconchego do lar, os filhos ficam grudados nos monitores, acedendo ao saber via CD-ROMs. Os maridos, ou talvez as esposas, muitas vezes ficam horas a fio, e, enquanto isso, talvez esqueçam de cônjuges e deveres matrimoniais correlatos. Com uma certa freqüência, algumas queixas são ouvidas nos consultórios psicanalíticos, quando a falta de atenção e interesse por parte do parceiro é atribuída a uma espécie de *ménage à trois*, apesar do terceiro elemento do triângulo não ser sequer humano.

Numa sessão, uma moça comenta, como se fosse brincadeira, ter ameaçado o namorado, sempre ausente na sua dedicação quase exclusiva aos *bits* nos finais de semana. *"Vou mijar no seu lap-top, e olha que o xixi é condutor!"* Trata-se de uma piada, porém séria; magoada, ela parece confirmar aquela intuição freudiana das mulheres serem antagonistas da civilização.

Contudo, computação e sexualidade podem andar de mãos dadas, como é o caso do *correio elegante* digital e, obviamente, da pornografia *on line*. De todas as maneiras, confirma-se a inexistência da relação sexual, entendendo que o apelo deveria ser um prolegômeno para chegar às vias de fato, mas, no entanto, quando o meio passa a ser a mensagem, o encontro dos corpos assume a dimensão do impossível.

Esta é uma das críticas ferrenhas que o *Unabomber* fez ao mundo desta época. Para quem não lembra, este curioso personagem, algo assim como o último anarquista bem-sucedido deste final de século e milênio, depois de passar dezoito anos despachando cartas-bomba contra universidades e aeroportos, propôs parar de vez com suas atividades niilistas se um manifesto seu fosse publicado nos jornais de circulação nacional nos Estados Unidos. Depois de vários meses de barganha, o governo americano cedeu e, em setembro de 1995, foi conhecido em detalhe o seu pensamento e filosofia, assim como uma avaliação amarga da conjuntura socioeconômica do momento.

Curiosamente, muitas das suas teses poderiam ter sido endossadas por Freud no *Mal-estar na cultura*, sendo até provável que este texto não lhe fosse desconhecido. Na temática que nos concerne, de forma específica, o *Unabomber* aponta o paradoxo da pós-modernidade, em que, em razão inversamente proporcional, quanto mais informação circula entre as pessoas, menor é o verdadeiro contato entre elas. De que adianta um cidadão se comunicar em tempo real — via Internet — com alguém no outro lado do planeta, se não é capaz de cumprimentar o seu vizinho, conversar com ele, e muito menos ter algum vínculo erótico com o dito cujo?

É evidente que o progresso não pode ser negado, e os avanços da humanidade são por demais eloqüentes como para responsabilizar, todos ou alguns deles, pela infelicidade da espécie neste estágio histórico. No entanto, nem tudo é preto, e muito menos cor-de-rosa. A este respeito, Lacan, em mais de uma oportunidade, chamou a atenção sobre uma certa equivocação provocada pelas conseqüências pragmáticas do discurso da ciência. No *Seminário XVII*, e também em *Radiofonia*, adverte sobre o fascínio que os *gadgets* exercem na atualidade. Podemos traduzir este termo como *engenhocas*, querendo ser sérios, ou *porrinholas*, se a intenção for pejorativa. Trata-se daqueles artefatos produzidos pela tecnologia mais desenvolvida, acessíveis para quem tiver o dinheiro que custam, e que, junto com a garantia da eficácia operacional, altas dosagens de propaganda afirmam que eles serão o passaporte da alegria e a garantia da felicidade dos seus proprietários. Na metapsicologia lacaniana, podem ser pensados como variantes agálmicas do *objeto a*, destinados a causar o desejo, em primeiro lugar, de possuí-los. Mas também seduzem pelo seu valor como semblantes, ao serem apresentados como a prova cabal do desejo do Outro, que os fabrica e os faz existir. A completude, por fim, ao alcance do consumidor.

O fetichismo da mercadoria, entretanto, é incapaz de cumprir as promessas da publicidade. O que está em jogo é sempre outra coisa, deslocada e inapreensível, que continua faltando, apesar dos crediários. Assim, videocassetes, fax, parabólicas, celulares, bicicletas ergométricas, processadoras, agendas eletrônicas, laser-disc, etc., etc., não servem muito. Melhor dizendo, servem sim, mas só para aquilo que foram projetadas, na teleologia unidimensional do seu funcionamento prosaico.

Não é nenhuma novidade concluir que a felicidade nem se compra, nem se vende, nem se fabrica, nem se consome. Aliás, tampouco pode ser definida, pelo menos como um universal válido para todos do mesmo modo. Todavia, seria mister detectar alguns dos aspectos sintomáticos das satisfações dessexualizadas que costumam ser propostas, civilizadamente, segundo a moral e os bons costumes, para fazer da libido um mingau. Pois, perante eles, o psicanalista, mesmo desenganado, não compactua.

Finis

PSICANÁLISE
OUTROS TÍTULOS

A CRIANÇA NO DISCURSO DO OUTRO
Um exercício de psicanálise
Jussara Falek Brauer (org.)

IDÉIAS DE LACAN
Oscar Cesarotto (org.)

JACQUES LACAN
UMA BIOGRAFIA INTELECTUAL
Oscar Cesarotto e Márcio Peter de Souza Leite

UM AFFAIR FREUDIANO
Os escritos de Freud sobre a cocaína
Oscar Cesarotto

CULPA
Aspectos psicanalíticos, culturais e religiosos
Antonio Franco Ribeiro da Silva (org.)

O DESEJO DE FREUD
Antonio Franco Ribeiro da Silva

O GOZO FEMININO
Maria Escolástica

NO OLHO DO OUTRO
O "homem de areia", segundo Hoffmann, Freud e Gaiman
Oscar Cesarotto

OUTROS TÍTULOS

À PROCURA DE KADATH
H.P. Lovecraft

ALGUMAS AVENTURAS DE SÍLVIA E BRUNO
Lewis Carroll

AURÉLIA
Gérard de Nerval

CENTÚRIA - CEM PEQUENOS ROMANCES-RIO
Giorgio Manganelli

A CIDADE AUSENTE
Ricardo Piglia

CONTOS CRUÉIS
Villiers de L'Isle-Adam

CONTOS FRIOS
Virgilio Piñera

A CRUZADA DAS CRIANÇAS
Marcel Schwob

EM BREVE CÁRCERE
Sylvia Molloy

AS FERAS
Roberto Arlt

FORDLÂNDIA
Ediardo Sguiglia

FUGADOS
José Lezama Lima

A INVASÃO
Ricardo Piglia

O LABORATÓRIO DO ESCRITOR
Ricardo Piglia

A MALDIÇÃO DE SARNATH
H.P. Lovecraft

O MENINO PERDIDO E OUTROS CONTOS
Thomas Wolfe

MORALIDADES LENDÁRIAS - FÁBULAS FILOSÓFICAS
Jules Laforgue

A MORTE DE UM DJIN
Pep D'Stagni

A MULHER SEM SOMBRA
Hugo von Hoffmannsthal

NOME FALSO
Ricardo Piglia

NAS MONTANHAS DA LOUCURA
H.P. Lovecraft

NOS MARES DO SUL
AUTOBIOGRAFIA DE UM VIAJANTE
Robert Louis Stevenson

NOVA NARRATIVA ARGENTINA
May Lornzo Alcalá (org.)

OCEANO-MAR
Alessandro Baricco

PRISÃO PERPÉTUA
Ricardo Piglia

RESPIRAÇÃO ARTIFICIAL
Ricardo Piglia

O TREM E A CIDADE
Thomas Wolfe

O VIDRINHO
Luis Gusmán

WASABI
Alan Pauls

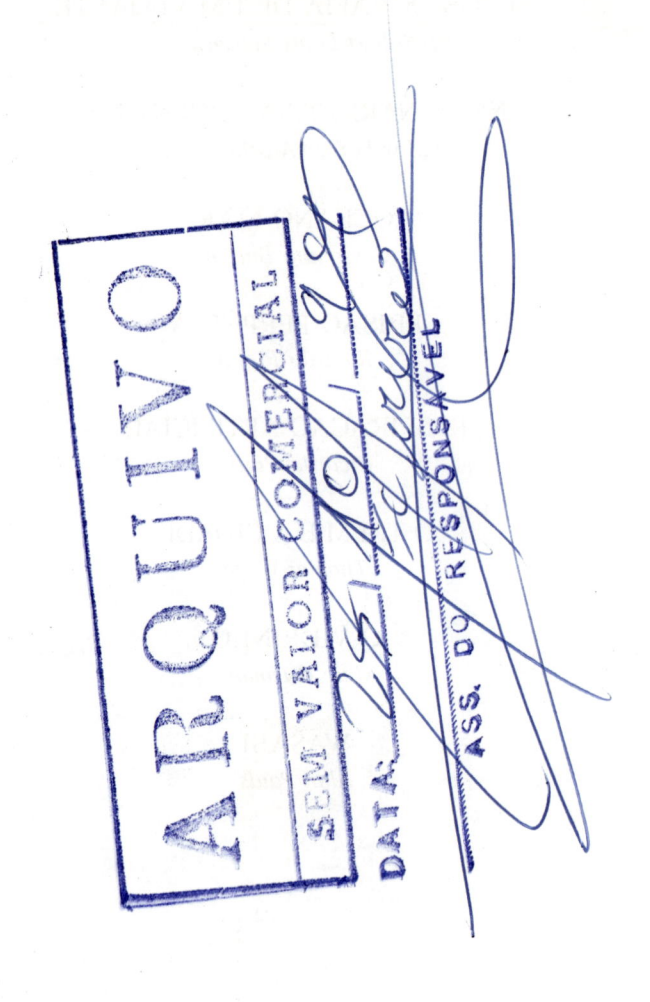

Este livro terminou
de ser impresso no dia
18 de outubro de 1999
nas oficinas do
Centro de Estudos Vida e
Consciência Editora e Gráfica Ltda,
em São Paulo, São Paulo.